El Trimado de las Velas

1ª Edición noviembre 2023
Versión Impresa: ISBN 978-631-00-2019-8
Versión Digital: ISBN 978-631-00-2017-4

Queda hecho el depósito que marca la ley 11.723
Libro de edición argentina e impreso en la Argentina

Textos y dibujos: Federico Rodolfo Madoery

Madoery, Federico Rodolfo
El trimado de las velas : instrucciones paso a paso / Federico Rodolfo Madoery. - 1a ed. - Córdoba : Federico Rodolfo Madoery, 2023.
92 p. ; 21 x 15 cm.

ISBN 978-631-00-2019-8

1. Navegación a Vela. I. Título.
CDD 797.124

www.trimadodevelas.com

CONTENIDO

Navegar en través y largos con vientos flojos

- Consignas y Tips sobre la manera de navegar
- Trimado de las velas. Instrucciones paso a paso

Navegar en rumbos de vientos muy largos y de popa con vientos flojos

- Consignas y Tips sobre la manera de navegar
- Trimado de las velas. Instrucciones paso a paso

Capítulo 4. NAVEGANDO CON VIENTOS FUERTES

Navegar en ceñida con vientos fuertes

- Consignas y Tips sobre la manera de navegar
- Trimado de las velas. Instrucciones paso a paso

Navegar en través y largos con vientos fuertes

- Consignas y Tips sobre la manera de navegar
- Trimado de las velas

Navegar en rumbos de vientos muy largos y de popa con vientos fuertes

- Consignas y Tips sobre la manera de navegar
- Trimado de las velas. Instrucciones paso a paso

Capítulo 5. APÉNDICES

1. **Los rumbos según el viento real en diversos textos.**
2. **Guía rápida de trimado de las velas.**

Capítulo 1. CONCEPTOS INICIALES

- **Introducción**

Este sistema de enseñanza está dirigido a quienes no acrediten tantos años con la vela, como los navegantes expertos, pero deseen avanzar en forma rápida y precisa en el trimado de las velas de su barco, evitando el dilema habitual en que los resultados no son como se espera, y no se entiende por qué.

Se trata de un manual con indicaciones secuenciales, paso a paso, relacionadas con el accionamiento de los elementos de maniobra del barco, según la situación y las condiciones de la navegación.

Previo a cada listado de instrucciones, correspondientes a cada rumbo y viento atmosférico, se incluyen todas las justificaciones y razonamientos en los cuales éstas se apoyan, en forma de **consignas y tips** sobre la manera de navegar.

Como verán, tales argumentos, como así también los gráficos con vectores y ángulos aproximados que corresponden a cada condición, son solo medios destinados ayudar a comprender lo que ocurre en el barco en cada momento. No se requiere, en absoluto, que se memoricen.

Una vez comprendidos esos fundamentos el lector podrá apoyarse durante la navegación en una **Guía rápida de trimado de las velas** que se encuentra al final de este manual y que contiene sólo el listado de instrucciones cortas y concisas.

Definición de trimado

El trimado de las velas puede definirse como el accionamiento de los elementos y mecanismos de maniobra que, actuando sobre la jarcia y las velas, permiten optimizar el comportamiento del barco según la intensidad del viento atmosférico y el rumbo náutico, haciendo correcciones según el estado del mar.
El objetivo del trimado no es simplemente que el barco sea más rápido sino también manejable y confiable. Trimar adecuadamente las velas significa entender realmente el funcionamiento del barco, su comportamiento y sus reacciones en toda condición.

Las decisiones y acciones de trimado tendrán que adoptarse teniendo en cuenta que influyen factores como el tipo de navegación (crucero, regata), tipo de aparejo (fraccionado o a tope), el tipo del casco y su plano anti-deriva, el estado del barco, el estado y tipo de las velas (de crucero, de regata) y también la experiencia de la tripulación.

Trimar las velas puede considerarse una combinación de técnica y habilidad. Es decir: decidir qué hacer en determinada situación, cómo hacerlo, en qué momento y en qué medida hacerlo.

¿Qué es necesario conocer para trimar correctamente las velas?

- Comprender el funcionamiento de las velas.
- Conocer el efecto de cada uno de los mecanismos de maniobra del barco.
- Identificar la fuerza, o velocidad, y la dirección del viento atmosférico, o viento real VR.
- Reconocer debidamente la franja de rumbos náuticos en que se navega.
- Conocer las consignas de navegación propias de cada franja de rumbos náuticos (abertura y forma de las velas, la torsión, y también el canal entre las velas y la curvatura del palo), según experiencias y estudios de laboratorio.

A partir de estos elementos, las acciones de trimado serán un resultado lógico y natural, sin necesidad de reglas mnemotécnicas.

- **Rápida síntesis sobre el funcionamiento de las velas**

El resultado de la acción del viento sobre las velas es una fuerza que, interactuando con la obra viva del barco, produce un impulso hacia adelante, una escora y un abatimiento o ronza.

Según la forma en que el viento actúa sobre las velas, aquella fuerza tiene dos componentes.

- **Sustentación aerodinámica**, debida a la diferencia de presiones entre las caras de una vela cuando el flujo es laminar en ambas.
- **Resistencia, u oposición, al viento**.

Cuando la vela genera propulsión solamente por sustentación (caso de la ceñida) o por una combinación de sustentación y resistencia al viento (rumbos de través y largos) los elementos que intervienen en la forma de las velas son **el embolsamiento, la posición de la bolsa y la torsión.**

Cuando la vela genera propulsión solamente por resistencia al viento, la consigna es básicamente aumentar la superficie expuesta al viento.

Veamos los elementos que intervienen en la forma de las velas.

1. El embolsamiento

Es la profundidad de la vela en su parte más profunda.

Para determinarla, observar la cara interior de la vela desde abajo fijándose en líneas transversales tales como costuras, fundas de battens u otras marcas que puedan servir para identificar la zona de mayor profundidad.

Sobre la línea curva horizontal de la vela que contiene al punto de mayor embolsamiento, trazar mentalmente la cuerda entre el gratil y la baluma, y luego la flecha de la curva en ese punto.

Luego, estimar las longitudes de la cuerda y de la flecha de la curva. La profundidad del máximo embolsamiento de una vela se determina como un porcentaje que es la relación entre las longitudes estimadas de la flecha y de la cuerda.

Por ejemplo, si la flecha es de unos 20 cm y la cuerda de la vela a esa altura es de unos 2 metros, se dice que el embolsamiento será de un 10%.

La profundidad a dar a las velas depende del rumbo náutico en que se navegue y de la intensidad del viento atmosférico.

En los rumbos con propulsión por sustentación aerodinámica, total o parcial, la potencia de una vela depende de la profundidad de su embolsamiento.

Cuanto más profunda es una vela, mayor es su potencia. **Pero esto tiene límites.**

Si a causa de un excesivo embolsamiento el flujo laminar se convierte en turbulento antes de la salida por la baluma, se reducirá la diferencia de presiones entre las caras de la vela, y por lo tanto disminuirá la propulsión.
Profundidad de bolsa para diferentes rumbos náuticos e intensidades de viento atmosférico según ensayos.

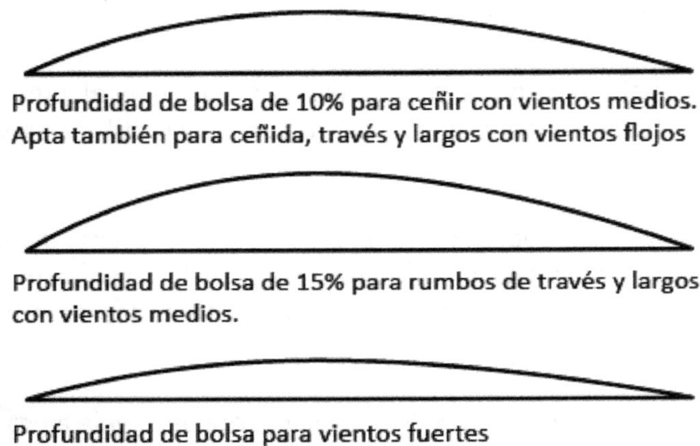

Profundidad de bolsa de 10% para ceñir con vientos medios.
Apta también para ceñida, través y largos con vientos flojos

Profundidad de bolsa de 15% para rumbos de través y largos con vientos medios.

Profundidad de bolsa para vientos fuertes

En un spinaker asimétrico, profundidad de bolsa del orden de un 20%.

En los rumbos en que la propulsión se debe total o parcialmente a la sustentación aerodinámica hay que adaptar el ángulo de ataque o de incidencia del viento aparente VA a la profundidad del embolsamiento de la vela.

Recordemos que el ángulo de ataque se define como el que forman el vector representativo del VA y la cuerda de la vela, en cada porción de la altura de la vela.

¿Cómo se adapta el ángulo de ataque a la profundidad del embolsamiento?

Accionando los mecanismos de maniobra, aunque también se puede conseguir variando el rumbo del barco, es decir orzando o derivando.
El cambio de profundidad de una vela, además de requerir una corrección del ángulo de ataque del VA, provoca una variación de la relación **sustentación aerodinámica / resistencia al viento.**

En los rumbos náuticos en que la propulsión se debe especialmente a la influencia de la sustentación aerodinámica el efecto de ésta, resulta superior al de la resistencia al viento (hasta unas tres veces mayor).

Por lo tanto, la máxima potencia se logrará apuntando a conseguir un flujo laminar en ambas caras de la vela.

Causas del desprendimiento de filetes a la salida de la cara de sotavento de una vela

- Ángulo de ataque mayor que el óptimo: para reducirlo hay que abrir la vela filando el **traveller** (o la **escota** si no hay **traveller**), o cambiar el rumbo (orzar).

- Forma inadecuada de la vela: el embolsamiento es excesivo, o hay falta de torsión en las partes altas.

- Baja velocidad del flujo: el viento atmosférico es demasiado flojo para determinado embolsamiento.

A medida que se abren los rumbos y se llega a los de vientos muy largos (más allá del largo, hasta la aleta) ya no se consigue evitar que el flujo en la cara externa de las velas se haga turbulento, y en consecuencia la influencia de la sustentación se reduce rápidamente.

Ante esta situación, se debe pasar a un trimado basado en la resistencia al viento, en la que el objetivo es maximizar la superficie expuesta de la vela.

2. La posición de la bolsa

Es la distancia horizontal desde el gratil hasta el punto de máximo embolsamiento, medida sobre la cuerda de la vela. Se expresa como un porcentaje de la cuerda a esa altura de la vela.
Consignas sobre la posición de la bolsa, según el rumbo náutico en que se navega y de la intensidad del viento atmosférico.

- Bolsa al 35% del gratil: Se trata de una bolsa adelantada, con un gratil de forma redondeada, apto para rumbos de través y largos con vientos atmosféricos medios. También es útil para ceñida, con vientos fuertes.

- Bolsa al 40% del gratil: Embolsamiento para ambas velas en ceñida con vientos medios. También puede ser apto para rumbos de través y largos.

- Bolsa al 45 o 50% del gratil. Embolsamiento para ceñir a rabiar, sólo en la vela de proa (no en la mayor) con lo cual el gratil se afina y permite apuntar más a barlovento.

Nota: Por supuesto, estos porcentajes son aproximados.

3. La torsión (twist)

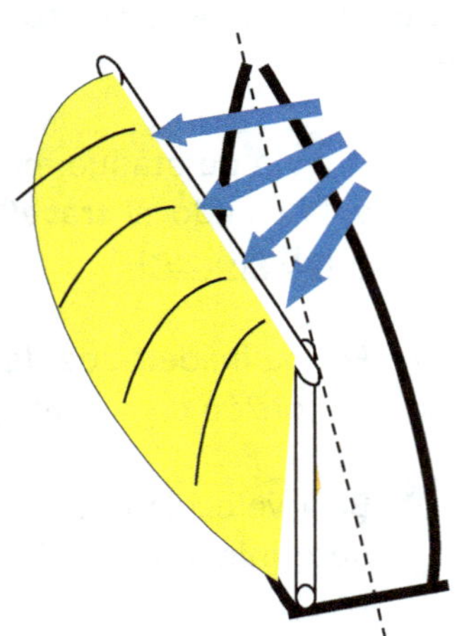

A causa del rozamiento del VR con el agua y con partes del barco la intensidad del viento es menor abajo que a tope de palo.

Al sumar vectorialmente el VR, que es más intenso hacia las partes altas de la vela, con la velocidad de marcha del barco VM (obviamente la misma en todo el barco) se obtiene como resultado **un VA con cada vez mayor intensidad hacia arriba, y gradualmente más apopado**, más recostado sobre el VR.

Esto se denomina **gradiente de viento**.
La consecuencia de este creciente apopamiento del VA hacia las partes altas de la vela es que el ángulo de ataque se va haciendo cada vez mayor lo cual va complicando la formación de un flujo laminar a ambos lados de vela.

Como se verá, es posible aprovechar este gradiente de viento con distintos objetivos según el rumbo náutico en que se navega y la intensidad del VR.

Con vientos medios y rumbos de través y largos, hay que dar a la vela toda la torsión que permita recuperar un flujo laminar en cada porción de la altura de la vela para así obtener la máxima potencia y propulsión.

En cambio, en ceñida, hay que limitar la torsión en las partes altas, porque el exceso de potencia no producirá más propulsión sino más escora y abatimiento.

Con vientos fuertes la torsión se utiliza para quitar propulsión a la vela permitiendo que escape el exceso de viento.

- **El efecto de los mecanismos de maniobra del barco**

Nota: se da por supuesto que la puesta a punto del palo y de los obenques ya fue realizada en el barco, es decir que nos concentraremos en la jarcia de labor.

1. **Mecanismos que actúan sobre la VELA DE PROA**

- **Backstay.** Embolsa o aplana la zona media de las dos velas.

  En ceñida, cazando el backstay, la parte central del palo se arquea hacia delante y el tope de palo apunta hacia popa, con lo cual ambas velas se aplanan y se reduce el ángulo de ataque.

  Las velas tendrán menos propulsión, pero el barco ciñe mejor, con menos escora y menos tendencia a orzar. En rumbos de través y largos, filando el **backstay**, el palo adriza, o incluso el tope de palo apunta hacia proa debido al efecto del viento sobre el stay proel, lo cual aumenta el embolsamiento de las dos velas.
- **Escota.** Abre y cierra la vela en función del viento.

  ✓ En ceñida, cazar aplana la vela, filar la embolsa. Es útil para mantener el gratil apuntando al viento y tener buen ángulo de ataque.

  ✓ En rumbos de través y largos, filar permite buscar el ángulo de ataque óptimo en las partes bajas de la vela, antes de dar torsión en las partes altas desplazando el patín.

- **Driza.** Controla la posición de la bolsa.

  ✓ En ceñida, menos tensión atrasa algo la bolsa, el gratil se afina y el barco ciñe mejor.
  ✓ En través y largos, más tensión adelanta la bolsa y la vela es más potente.

- **Patín.** Da o quita torsión a la vela. Abre o cierra la baluma para regular el trabajo conjunto de los catavientos de la vela.

- ✓ Aproando el **patín** se cierra la baluma y la vela embolsa más.
- ✓ Apopando el **patín** se abre la baluma y la vela torsiona, dando entrada al viento aparente en toda su altura.

- **Balumero** y **pujamero.** Se tensan sólo lo necesario para evitar el batido de la vela.

- **Barber Hauler.** Consiste en pasar la escota por una pasteca, mosquetón o guardacabo que se controla con un cabo que se desvía hacia la bañera desde un motón en la regala.

- Se lo establece por delante del patín, pero también puede colocarse más hacia a popa si la escota se envía al cockpit por fuera de los obenques.
  - ✓ En ceñida se puede utilizar para llevar la vela de proa bien cerca del eje de crujía, tensándolo desde la banda opuesta.

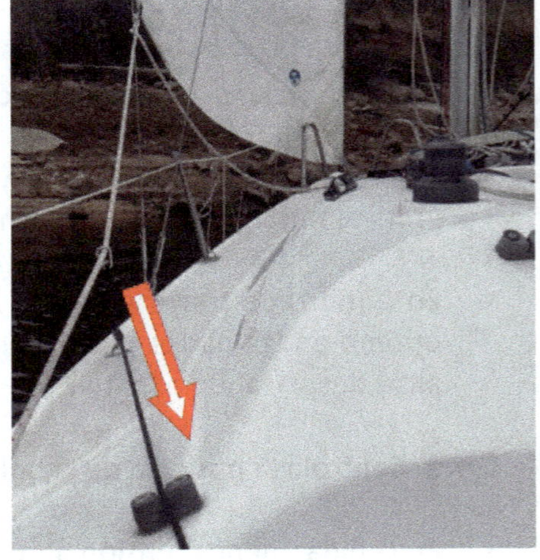

  - ✓ En rumbos de través y largos es útil para controlar la torsión abriendo o cerrando la baluma, en particular con una vela de proa grande y escotas establecidas por fuera de los obenques.
  - ✓ Es útil para abrir el canal entre las velas, aunque luego haya que hacer correcciones en el trimado.

2. Mecanismos que actúan sobre la VELA MAYOR

- **Escota.** Permite ajustar el ángulo de incidencia del VA. Abre y cierra la baluma. Da o quita torsión a la vela.

- **Traveller.** Desplazándolo a sota o a barlo se modifica el punto de cazado de la vela mayor modificando el ángulo de ataque del VA en toda su altura, **sin producir ni quitar torsión**.

- Es útil para llevar la botavara al centro, para luego filarlo hasta ajustar el ángulo de ataque en las partes bajas de la vela.

  ✓ Largándolo a sotavento alivia el timón y limita la tendencia a orzar.

  ✓ Con vientos fuertes quita propulsión a las velas.

  ✓ Con rachas navegando en ceñida sin pretensión de ganar barlovento se lo fila para corregir transitoriamente el ángulo de ataque del VA. Luego se lo caza fácilmente hasta su posición inicial sin que se haya perdido el trimado.

  ✓ Filando la escota se puede alcanzar el mismo objetivo, pero es más difícil volver al punto de cazado inicial.

  ✓ El **Traveller** sólo es útil cuando la botavara está encima del riel. En rumbos muy abiertos no tiene efectos.

- **Pajarín, o tensor del pujamen.** Embolsa o aplana la zona baja de la vela. El ajuste del **pajarín** no resulta fácil cuando la vela está cargando, lo cual se puede resolver poniendo el barco proa al viento.

  ✓ Cazando, aplana la vela y desplaza el embolsamiento hacia popa.

  ✓ Filando, la vela se embolsa y se desplaza el embolsamiento hacia proa, con lo que aumenta el ángulo de incidencia del VA.

- **Driza.** Traslada la bolsa hacia adelante o hacia atrás

- ✓ En ceñida, cazándola, desplaza la bolsa hacia adelante y aplana la parte posterior de la vela, reduciendo la escora y la tendencia a orzar.

- ✓ En través y largos, cazándola con mayor tensión, la parte delantera tendrá más propulsión.

- o **Vang.** Al igual que el **backstay**, embolsa o aplana la zona media de la vela, aunque en barcos de palo muy rígido no influye mucho, por lo que en estos casos es el **backstay** el que actúa en esa zona de la vela.

  Cuando el aparejo de comando del **vang** tiene poca desmultiplicación puede exigir un esfuerzo demasiado grande cazarlo. Conviene poner el barco proa al viento unos instantes y así tensarlo con más facilidad.

  - ✓ En ceñida, se tensa lo necesario hasta que el **batten** de arriba quede paralelo a la botavara de manera que la vela quede plana en toda su altura, casi sin torsión.

  - ✓ En rumbos de través y largos controla la torsión de la vela. Cuando la escota ya no puede dar torsión, filando el **vang** se abre la baluma y aumenta la torsión hacia arriba.

  - ✓ En rumbos muy francos y de popa evita que se levante la botavara con lo cual se maximiza la superficie expuesta al viento. Hay que cazarlo hasta que el palo forme un ángulo de 90º con la botavara. Mantiene la tensión de la baluma evitando que escape viento sin producir propulsión.

- o **Cunningham.** Aumenta la tensión del gratil en la parte baja de la vela que es justamente donde no llega el efecto del tensado de la **driza**. Cazado, traslada la bolsa hacia adelante.

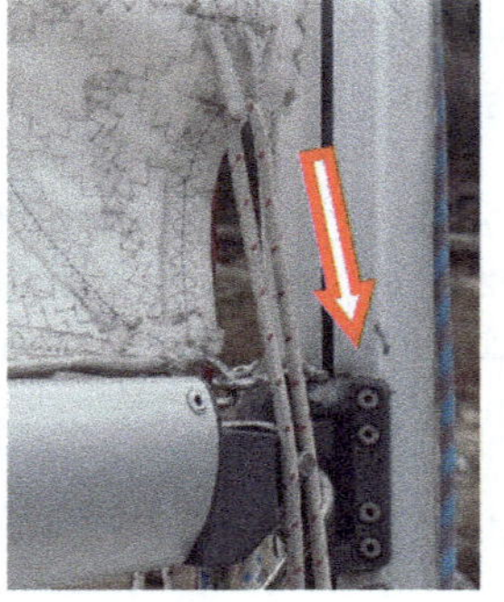

Al tomar rizos, el **Cunningham** queda desactivado. Por lo tanto, se puede utilizar su cabo de comando para bajar hasta el pinzote los ollaos del primer o segundo rizo que están en el gratil, sin necesidad de ir hasta el palo para fijarlo al cuerno de cabra.

- **Rizo de aplanar.** Es similar a un rizo, pero se establece sobre un ollao que se encuentra bastante cerca de la botavara, unos 20 cm más hacia arriba.

  Complementa al **pajarín** en el aplanado de la parte baja de la vela con vientos fuertes.

  Pero además, como sabemos que no es fácil accionar el **pajarín** cuando la vela está portando, se puede evitar accionarlo empleando solamente el **rizo de aplanar**.

  Para ello, hay que mantener en todo momento el **pajarín** en una posición más bien filada, adecuada para vientos flojos.

  Si luego aumenta el viento, se hará necesario reducir la bolsa en la parte baja y desplazarla hacia popa, lo cual se conseguirá simplemente cazando el **rizo de aplanar**.

  Por otro lado, el **rizo de aplanar** queda desactivado cuando se va a tomar rizo. Por eso, es posible utilizar un mismo **amante** para el ollao de rizo y para el **rizo de aplanar**.

- **Balumero** y **pujamero.** Siempre se tensan sólo lo necesario para evitar el batido de la vela, excepto en rumbos de popa con vientos flojos en los que hay que cazar bien el **balumero** para llevar la vela embolsada, casi como un spinaker.

El viento atmosférico. Las franjas de velocidad y fuerza del viento

Si el velero cuenta con un plotter náutico con función de anemómetro la velocidad del viento atmosférico VR se podrá apreciar en su pantalla inclusive durante la navegación.

En cambio, un anemómetro portátil presentará solamente la velocidad del viento aparente VA, si el barco está en movimiento,

- **Vientos flojos: hasta 6 Nudos (Fuerza 1 y 2) :** Privilegiar ante todo **movimiento** del barco. Sin movimiento, el plano anti deriva no opera, el timón no responde.
- **Vientos medios: 7 a 16 Nudos (Fuerza 3 y 4):** Elegir un determinado **rumbo, o la velocidad** del barco.

- **Vientos fuertes: más de 16 Nudos (Fuerza 5 o superior):** Privilegiar **gobierno del barco**, mantenerlo bajo control.

- **El viento real VR y el viento aparente VA durante la navegación**

En las escuelas especializadas en navegación a vela del mundo, en laboratorios de ensayos de fabricantes de barcos y velas, y también en textos de teoría de vela se destaca que **los rumbos náuticos están siempre referidos al VR, viento real o atmosférico, y no al VA, viento aparente o viento de a bordo.**
Y resaltan siempre la importancia del concepto de **CONSERVACIÓN DEL VIENTO REAL VR**, en el sentido de no perder de vista cuál es su dirección durante la navegación.
Sin embargo, en habitualmente, durante las clases prácticas de vela de los cursos de timonel, que no son cursos especializados en la vela, habitualmente se apela a una simplificación.

Por un lado, se explica que el VA es el viento que hay que tener presente en todo momento ya que, cuando el barco navega, dejamos de percibir al VR.

Si bien se plantea, correctamente, que **el VA está siempre más aproado que el VR**, o sea que ingresa al barco más cerca de la proa que el VR, después se abandona el tema y se pasa a hablar genéricamente de **"EL VIENTO"** dejando la impresión errónea de que los rumbos náuticos están referidos al VA, en lugar del VR.

La identificación de los rumbos náuticos tomando como referencia al VA genera los siguientes inconvenientes:

1. **El VA no constituye un marco de referencia estable**.

El VA varía permanentemente, y mucho, según el rumbo y según la velocidad de barco. Varía en intensidad y en la dirección con que ingresa al barco.

Ver en páginas siguientes un **gráfico del semicírculo de rumbos náuticos** en el que se muestran las **fuertes diferencias angulares entre el VA y el VR.**

2. **El VA no permite apreciar la ubicación del barco en el entorno agua – viento.**

El VA no aporta conocimiento de la posición u orientación tanto del barco propio como de otros próximos. En las escuelas de vela suele utilizarse una excelente representación en la que el viento real VR conforma un espacio en el agua que puede asimilarse a un plano inclinado sobre el cual navega el barco.

Ver en el gráfico el esquema de un velero navegando en ceñida.

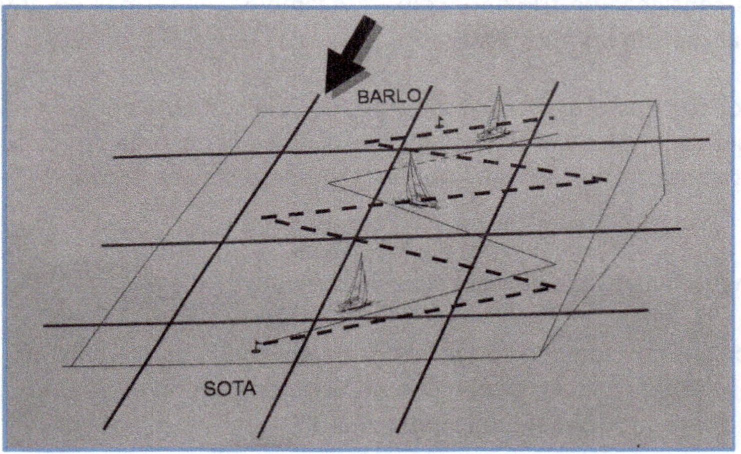

Según tal representación, la dirección de la pendiente de ese plano inclinado se asimila a la dirección del VR y, siguiendo con la misma idea, el ángulo de la pendiente del plano inclinado se podría asimilar a la intensidad del VR.

El velero del esquema realiza 3 piernas (línea llena fina) en ceñida. Otro velero, con menor capacidad de ceñida necesita 5 piernas para llegar al mismo lugar.
Así, en un día con mucho viento el espacio en el agua se asimila a un plano inclinado con considerable pendiente, y un día con viento flojo sería un plano inclinado casi sin pendiente.

3. **Tomar al VA como referencia complica la ejecución precisa de maniobras.**

   Se refiere a maniobras tales como viradas en boyas, aproximación a fondeos, llegadas a muelles e incluso hasta otras como la maniobra de hombre al agua, las cuales tienen más probabilidades de fallar y, si fracasan, puede no entenderse por qué.

4. **Tomando al VA como referencia genera imprecisiones en el trimado de las velas y en la forma de enfrentar las rachas en los distintos rumbos.**

   Esto se debe fundamentalmente a que, debido al aproamiento del VA respecto del VR, el ángulo del semicírculo de rumbos que separa los rumbos de ceñida de los de través y largos, no es el mismo tomando como referencia al VA en lugar del VR.

   Y las consignas de trimado, como así también las formas de enfrentar las rachas, no son las mismas.

   Es por todo esto que en las escuelas de vela se habla de las ventajas de **la conservación del viento real**, lo que significa conocer la dirección del VR o viento atmosférico en todo momento durante la navegación.

- **El ángulo entre las dos palas fijas de la veleta**

Veamos a continuación una ilustración de veletas de la marca WINDEX. Sabemos que el ángulo dentro del cual el barco no tiene propulsión es de unos 90º, o sea unos **45º a cada lado del eje del viento real VR**.

De acuerdo con esto, aparentemente, se deberían instalar las palas fijas de la veleta con una abertura de 90º entre ambas, es decir, a 45º a cada lado del eje de crujía del barco.

De esta manera la veleta será útil para indicarnos cuándo nos estamos aproximando al sector en que no hay propulsión.

Sin embargo, cuando el barco navega en el límite del sector sin propulsión, observamos que la cola de la veleta se encuentra unos 15º adentro del ángulo de 45º que forma el eje de crujía con cada una de las palas fijas.

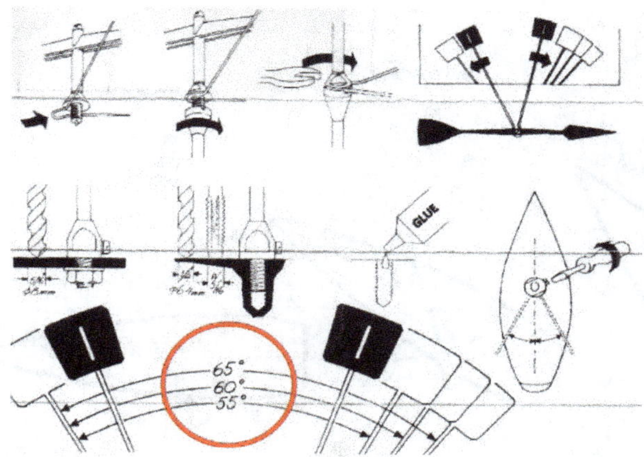

¿Cómo es esto? **¿Significa entonces que el barco puede orzar hasta un ángulo de 30º a ambos lados del eje del viento? ¿15º más allá del límite de 45º?**

No, de ninguna manera. Lo que ocurre es que, cuando un barco navega en ceñida ardiente es el viento aparente VA, representado por la flecha de la veleta, el que ingresa **aproado** (más a proa) unos 15º del VR, formando un ángulo de 30º con respecto al eje de crujía del barco.
De ahí que, para apreciar fácilmente durante la navegación qué tan cerca estamos del sector en el que el barco no tiene propulsión, es habitual y conveniente fijar el ángulo entre las palas de la veleta en aproximadamente 60º, es decir 30º a cada lado del eje de crujía del barco.

Queda claro entonces que no es el VA sino el VR el viento que determina el rumbo náutico en que navegamos.

En la mencionada ilustración de veletas WINDEX se observan tres variantes sugeridas en el folleto para la fijación de la apertura de las palas fijas de una veleta: a **55º, 60º o 65º**, según la capacidad de ceñida de cada barco. Observando veleros en todas las marinas del mundo verificamos que en ellos la abertura entre las palas fijas de la veleta es de alrededor de 60º.

- **El aproamiento del VA respecto del VR en los rumbos náuticos**

Ya vimos que navegando en ceñida ardiente con vientos medios, el VR ingresa a 45º de crujía mientras que el VA ingresa a unos 30º de crujía, **coincidiendo con una de las palas fijas de la veleta**.

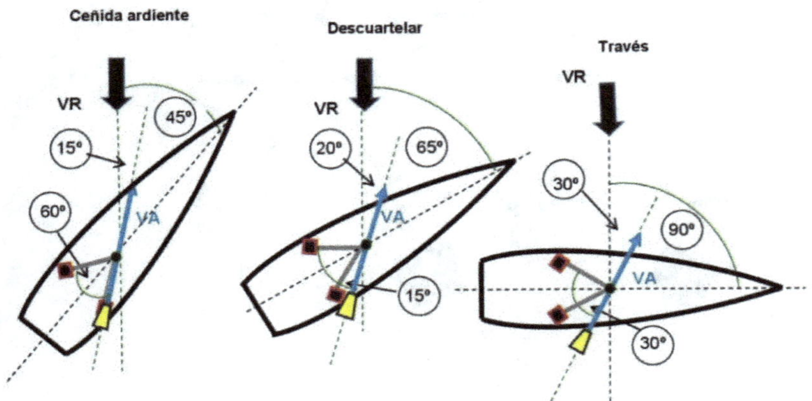

Al navegar a un descuartelar el VA ingresa formando un ángulo de 15º por fuera de esa pala, o sea a 45º del eje de crujía. En través ingresa a 60º del eje de crujía (a 30º del eje transversal del barco) , y en el largo ingresa a 90º del eje de crujía.

Está claro que no es imprescindible tener en mente este gráfico u otros similares, durante la navegación. Sí es útil para comprender que **el ángulo de aproamiento del VA, es decir, la distancia angular entre el VA y el VR varía sensiblemente según los rumbos.**

Toda la bibliografía relacionada con consignas y tips sobre cómo navegar y trimar las velas está referida al VR. Por lo tanto, la correcta identificación del rumbo náutico en que se navega es necesaria si se desea navegar con precisión.

La aseveración de que los rumbos náuticos están referidos siempre al VR, y no al VA, suele generar rechazo en navegantes que declaran manejarse sin problemas tomando al VA como referencia para los rumbos, y que no ven ventajas en cambiarlo por el VR. **Sin embargo, las hay.**

Veamos lo que ocurre en la virada a una boya. Nos aproximamos en un borde en el que se ve ingresar al VA formando un ángulo de 60º respecto de crujía. **Se ve como ceñida del VA**.

Un **primer error** es justamente haber trimado las velas en ese borde como si navegáramos en ceñida, cuando en realidad ya estamos en la franja de través y largos que comienza en el descuartelar, en los cuales el trimado de las velas es totalmente diferente. Y el barco ha perdido rendimiento.

Y hay un **segundo error**: estamos imaginando el vector representativo del VA sobre la boya y lo tomamos como eje del viento para la virada por avante.

Acercándonos por través, la diferencia angular entre el VA y el VR, que es el viento que la proa va a atravesar en la virada, es de unos 30º.

Si entonces viramos tomando al VA como eje del viento ocurrirá que, cuando pensamos que lo estamos por cruzar con la proa, en realidad todavía faltan unos 30º de giro para alcanzar el VR, cruzarlo y seguir virando hasta que las velas porten.

Y esto puede determinar que la maniobra fracase.
Lo correcto es posicionar mentalmente al vector del VR sobre la boya y demorar el giro lo necesario como para que el barco lo cruce efectivamente, tenga margen para completar la virada dentro del sector sin propulsión, y arranque con las velas portando.

Algo equivalente puede ocurrir al enfrentar las **rachas** en diferentes rumbos.

Más adelante en este texto se plantean las diferencias en las formas de enfrentar las rachas entre los rumbos de través y largos rumbos y los de ceñida, y se analiza qué puede ocurrir en términos prácticos si se identifica erróneamente el rumbo.

Ahora, ¿se puede navegar adecuadamente considerando los rumbos en base al VA?

Sí, haciendo algunas salvedades, que son las que hacen los navegantes expertos. Una vez, un excelente navegante de toda la vida, me dijo: "En realidad, el rumbo más rápido **no es el través sino el descuartelar**...". ¿Por qué habrá dicho esto?

Claramente porque, acostumbrado a definir los rumbos según el VA, cuando el barco navega con estropada, el través según el VR coincide aproximadamente con el final de la ceñida según el VA, o sea el descuartelar.

Entonces nos preguntamos: **¿es imprescindible tener veleta en el barco?**

Y en caso de tenerla, ¿es necesario observarla al navegar?

No es imprescindible, pero sí útil. Por algo, todos los barcos que navegan en el mar la tienen. Sin embargo, navegando con frecuencia y con afán de aprender y de dominar el barco en toda situación, un timonel podrá manejarse con soltura sin depender de la veleta.

Para ello debe observar permanentemente los catavientos en los obenques y el gratil de la vela proa, sintiendo el viento en su cara, en su cuerpo, y atendiendo a las sensaciones que transmite el barco en cada franja de rumbos.

- **Cómo identificar la dirección del VR durante la navegación**

Si el barco no cuenta con un plotter náutico una forma simple de hacerlo, aunque muchas veces no es precisa, consiste en observar los frentes de olas, los cuales suelen ser perpendiculares a la dirección del VR, tal como aparece en los esquemas de rumbos de muchos otros autores, como por ejemplo en el gráfico de Enguix del Apéndice.

Sin embargo, hay que tener en cuenta que esto ocurre solamente cuando las olas son producidas por el viento existente en el lugar.
En el mar, si en ese momento las olas son el resultado de la combinación de olas de viento y olas de mar de fondo que se van modificando por el efecto de accidentes en el fondo del mar, de las costas, de las corrientes y de las mareas,

puede ocurrir que los frentes de olas se orienten inclusive en sentido contrario al viento atmosférico.
Ver por ejemplo aplicaciones gráficas de pronósticos del clima como Windguru, Windy, etc. Para áreas, fechas y horas determinadas las tablas agregan la dirección del viento y la dirección del frente de olas.

La forma práctica de identificar la dirección del VR durante la navegación consiste en partir de la visualización del VA en la veleta o en los catavientos de los obenques y luego, conociendo el ángulo de aproamiento del VA respecto del VR para cada rumbo náutico, se pasa a imaginar su posicionamiento en el semicírculo de los rumbos

El aproamiento del VA respecto del VR es:

- **En ceñida ardiente, unos 15º**
- **En descuartelar, unos 20º**
- **En través, unos 30º**
- **En el largo, unos 35º**
- **En la aleta, unos 15º**
- **En popa, 0º**

Estos ángulos son, en realidad, aproximados. Haciendo una simplificación, sus valores se redondean en múltiplos de 5 para facilitar la apreciación de su magnitud.

Entonces:

- ***Cuando la flecha de la veleta, que indica la dirección del VA, coincide con una de sus palas fijas navegamos en <u>CEÑIDA ARDIENTE</u> del VR.***
- ***Cuando el VA ingresa dentro de una franja de unos 15º por fuera de las palas fijas de la veleta, navegamos en <u>CEÑIDA</u>.***
- ***A partir de los 15º de las palas fijas de la veleta, el VA parece indicar ceñida, pero en realidad navegamos a un <u>DESCUARTELAR</u>, que indica el comienzo de los rumbos de través y largos.***

- *A 30º de cada pala fija de la veleta el VA (o sea a 60º del eje de crujía) el rumbo sigue pareciendo indicar ceñida, pero navegamos en <u>TRAVES</u> del VR, dentro de la franja de los rumbos de través y largos.*

- *Finalmente, cuando el VA ingresa a 90º y parece indicar través, en realidad navegamos A <u>UN LARGO</u> respecto del VR.*

Definiendo apropiadamente los rumbos náuticos tomando como referencia el VR y haciendo las conversiones apropiadas conforme al VA que visualizamos, se hace factible generar una serie de **instrucciones trimado de las velas, paso a paso.**

Los vientos atmosféricos medios son el caso principal de trimado de velas, con instrucciones paso a paso. ¿Por qué?

- Con estos vientos, las formas de navegar y trimar el aparejo en cada franja de rumbos presentan diferencias bien marcadas respecto de las franjas adyacentes.

- El aproamiento del VA con respecto al VR llega a sus valores máximos para cada rumbo náutico, y es también con los vientos medios en que son más marcadas las diferencias entre definir los rumbos según el VR o el VA.

- Si se navega en un **barco lento,** ya sea porque las velas o el casco están en mal estado, o si recién está empezando a ganar estropada, o si el aparejo está muy mal trimado, el ángulo de aproamiento del VA es menor que el estimado para vientos medios.

  En tal caso, tomar como referencia al VA o al VR no es relevante.

- Esto ocurre también en la **navegación con vientos fuertes y con vientos flojos**. En ambos casos, a los efectos del trimado, no hay mayor diferencia en identificar los rumbos náuticos según el VA o el VR.

- **Las franjas de rumbos náuticos según el viento real.**

Para el trimado de las velas, la clásica división de los rumbos en ceñida, descuartelar, través, largo, aleta y popa conviene ser reemplazada por otra que contempla franjas de rumbos dentro de las cuales la forma de navegar y las acciones de trimado de las velas son las mismas.

Estas son:

- **FRANJA DE RUMBOS DE CEÑIDA**

Abarcan una pequeña franja de unos 20º dentro del círculo de rumbos que va desde el sector de 45º a partir del eje del VR, dentro de la cual el barco no tiene propulsión, que termina cuando empieza el **descuartelar**.

Tomando como referencia al VA, se trata de una franja de unos 15º fuera del sector sin propulsión. En los rumbos de **ceñida** la propulsión se produce **solamente por sustentación aerodinámica**, sin que la resistencia al viento produzca algún efecto positivo.

- **FRANJA DE RUMBOS FRANCOS O PORTANTES**

Abarcan un ángulo desde el **descuartelar,** a unos 65º del eje del viento real VR, hasta la **popa redonda.** Los rumbos francos pueden a su vez dividirse en tres casos de trimado:

✓ **Franja de rumbos de través y largos**: Abarcan desde el **descuartelar** hasta antes del comienzo de la franja de los **rumbos de vientos muy largos**.

La propulsión se obtiene en parte por sustentación aerodinámica y en parte por resistencia al viento.

✓ **Franja de rumbos de vientos muy largos**: pertenecen a una franja entre los rumbos de través y largos, y la aleta.

Tienen en común con los de través y largos en que ambas velas están establecidas a sotavento, pero tiene similitudes con los rumbos de popa por la forma a dar a las velas y porque la propulsión es sólo por resistencia al viento.

✓ **Rumbos de popa**: Abarcan desde aproximadamente los 150º respecto del eje del VR, en la aleta, hasta los 180º, en la popa redonda.

En estos rumbos, la propulsión es producida únicamente por resistencia al viento, pero la vela de proa no porta establecida a sotavento.

- **Gráfico de las franjas de rumbos náuticos**

Referencias sobre el gráfico de página siguiente

- Corresponde a **vientos atmosféricos medios** (de 7 a 16 Nudos, Fuerza 3 y 4).

- Considera un barco con casco de desplazamiento (no de planeo), velas apropiadas y en buen estado, aparejo razonablemente bien trimado y navegando con estropada.

- Sobre las siluetas del barco en cada rumbo se presenta una veleta a tope del palo (de tamaño mayor al real) con sus palas fijas abiertas un ángulo de 60º, es decir a 30º a cada lado del eje de crujía. La flecha de la veleta, de color azul, indica con qué dirección ingresa al barco el viento aparente VA.

- Es conveniente pensar y visualizar a los vientos como vectores. En la proa del barco se muestra la suma vectorial del viento real VR más el viento de marcha VM, que da como resultado el VA.

  El vector VA ha sido presentado del mismo color y con la misma dirección que la flecha de la veleta, pero con sentido contrario.

  La dirección con que ingresan el VR y el VM se presentan de color negro y rojo respectivamente.

- En el gráfico se destaca la dirección del frente de olas coincidiendo con la dirección del VR.

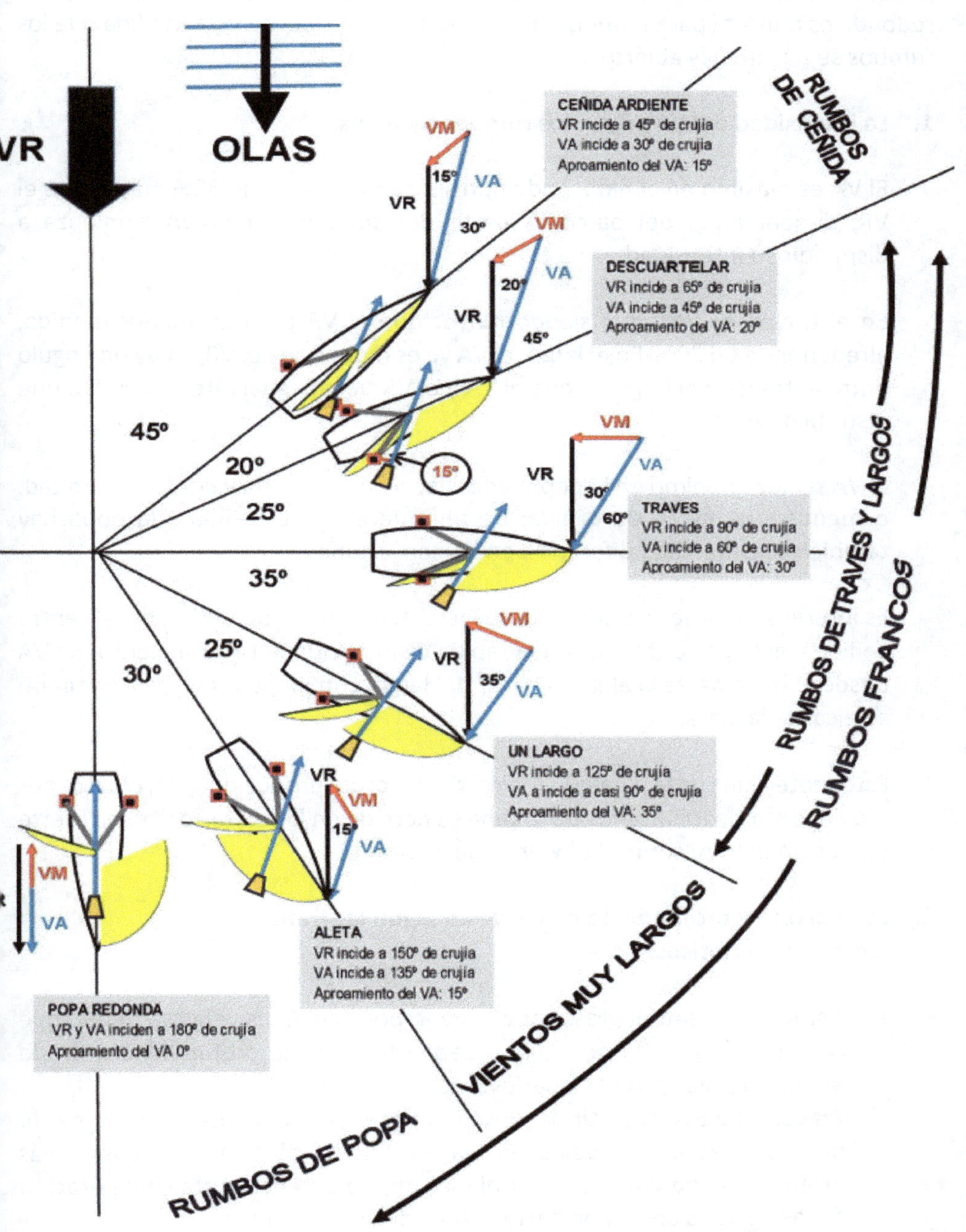
VR
OLAS
RUMBOS DE CEÑIDA
CEÑIDA ARDIENTE
VR incide a 45º de crujía
VA incide a 30º de crujía
Aproamiento del VA: 15º
VM
VR
VA
15º
30º
DESCUARTELAR
VR incide a 65º de crujía
VA incide a 45º de crujía
Aproamiento del VA: 20º
20º
45º
45º
20º
15º
25º
TRAVES
VR incide a 90º de crujía
VA incide a 60º de crujía
Aproamiento del VA: 30º
30º
60º
35º
25º
30º
UN LARGO
VR incide a 125º de crujía
VA a incide a casi 90º de crujía
Aproamiento del VA: 35º
35º
ALETA
VR incide a 150º de crujía
VA incide a 135º de crujía
Aproamiento del VA: 15º
POPA REDONDA
VR y VA inciden a 180º de crujía
Aproamiento del VA 0º
RUMBOS DE TRAVES Y LARGOS
RUMBOS FRANCOS
VIENTOS MUY LARGOS
RUMBOS DE POPA

Conclusiones que se extraen del gráfico de rumbos náuticos

Analizar el gráfico de rumbos náuticos desde el sector sin propulsión hasta la popa redonda es muy útil para entender el comportamiento del barco a medida que los rumbos se hacen más abiertos.

1. La intensidad del VA según los rumbos náuticos.

El VA es máximo en ceñida, pudiendo ser su intensidad un 30% mayor que el VR, dependiendo del barco. A partir del descuartelar el VA comienza a disminuir su intensidad.

En el través, el VA sigue siendo mayor que el VR pero en menor medida, alrededor de un 20%. En el largo, el VA ya es menor que el VR, y hay un ángulo entre el través y el largo en que el VA y el VR tienen igual intensidad, aunque distinta dirección.

El VA se hace mínimo en la popa redonda, en la cual toma valores de la mitad, o menos, que el VA de ceñida. De ahí que entre la ceñida y la popa hay también una marcada diferencia en las sensaciones.

Es interesante observar que el lento incremento de aproamiento del VA entre ceñida y el largo contrasta con la rápida disminución del aproamiento del VA desde el largo hasta la aleta. A partir del largo, con un pequeño giro de timón se alcanza la aleta.

Esto determina que cualquier giro de la proa producido por olas o por movimientos involuntarios de la caña se percibe en la veleta como una fuerte oscilación del VA, **como si el viento borneara**.

2. La abertura y profundidad de las velas según las franjas de rumbos náuticos.

- ✓ **Ceñida:** El viento ingresa muy negado por lo que las velas se tienen que orientar muy cerca de crujía y deben tener poca profundidad a fin de apuntar lo más posible a barlovento.
- ✓ **Través y largos**: A partir del descuartelar el viento ingresa ya claramente más prestado. Las velas ya van bastante abiertas y tienen más profundidad para así producir el máximo de potencia. Esta configuración de las velas es adecuada hasta el final de estos rumbos.

- ✓ **Vientos muy largos:** Hay que volver a aplanar un poco las velas para maximizar la superficie expuesta al viento, porque en estos rumbos ya no hay propulsión por sustentación. Las velas van más abiertas, pero es el último rumbo en el que las dos velas portan establecidas a sotavento.

- ✓ **Popa:** Las velas ya van totalmente abiertas pero la vela de proa ya no porta establecida a sotavento sino a barlovento, a orejas de burro. No deben ser profundas a fin de llevar al máximo la superficie expuesta al viento.

3. Los límites entre las franjas de rumbos náuticos que definen los cambios en el trimado de las velas.

3.1. Límite entre ceñida y rumbos de través y largos.

Al final de la franja angular de 20º por fuera del sector sin propulsión, o **de 15º según el VA**, el viento real deja de entrar tan negado y se produce una marcada disminución de la escora y de la tendencia a orzar, y también de la sensación de mucha velocidad.

Este límite es el que hay que tener muy presente porque **marca la diferencia en la forma de navegar y de trimar las velas entre ambas franjas de rumbos,** pasando de un trimado plano para ceñir por otro que busca obtener la máxima potencia de las velas.

3.2. Límite entre través y largos y vientos muy largos.

Hacia el final de la franja de través y largos el viento rápidamente se hace demasiado prestado, va desapareciendo el flujo laminar en la cara de sotavento de las velas y la propulsión por sustentación decrece rápidamente.

Este límite está dado por el momento en que hay que **abandonar la sustentación aerodinámica y pasar a un trimado con propulsión solo por resistencia al viento.**

3.3. Límite entre vientos muy largos y los rumbos de popa.

Está marcado por el ángulo en que la vela de proa deja de portar establecida a sotavento.
Queda claro entonces que existe una forma de navegar, de trimar el aparejo, e incluso de enfrentar las rachas que es propia de cada una de estas franjas de rumbos náuticos.

Los límites 2 y 3 son de fácil percepción, pero el límite 1 es el más importante debido a la marcada diferencia entre trimar las velas para ceñida y para rumbos de través y largos.

Es fundamental tener presente que **el descuartelar no equivale a una ceñida algo más abierta, sino que es el comienzo de otra forma de navegar.**

Recordar que, con vientos medios, cuando el VA parece que indica ceñida en realidad se está navegando en través y largos. Una imprecisión en la identificación del rumbo náutico incidirá negativamente en el rendimiento del barco.

- **Premisas generales del trimado de las velas**

    - Las dos velas trabajan siempre como una unidad aerodinámica, en el sentido de que si se modifica una de ellas casi siempre se deben hacer ajustes en la otra. **Pero solo en ceñida la vela de proa y la mayor funcionan como si fueran una sola vela**.

    - El embolsamiento cerca del gratil y en la mayor parte de la vela de proa, como así también en la parte delantera de la mayor, produce una gran fuerza de propulsión hacia adelante.

    - Las zonas críticas de las velas son el gratil de la vela de proa y la baluma de la mayor. Es por eso que en estas partes se colocan las lanitas.

    - Las lanitas en las velas indican cómo se comporta el flujo del viento en ambas caras, pero aun cuando las lanitas muestren un flujo laminar esto **no** necesariamente significa velas bien trimadas.

__¿Por qué?__ Porque las velas pueden estar establecidas de manera que haya flujo laminar, pero si no se respetan las consignas propias de cada rumbo (la profundidad de las velas, la posición de la bolsa, la curvatura del palo, el twist), el rendimiento será inferior.

    - Con vientos flojos no hay que pretender ceñir demasiado ni obtener de las velas más potencia que la que pueden suministrar.

- La profundidad no debe ser demasiada a fin de evitar que el flujo del viento se desprenda antes de la salida por la baluma en la cara de sotavento.

- Cuanto mayor sea la intensidad del VR menor deberá ser la superficie vélica que usamos. Con vientos fuertes, izar foque o tormentín y en la mayor tomar rizos o izar vela de capa.

- Ahora, para un mismo viento real VR, la intensidad del VA toma muy diferentes valores según los rumbos, siendo la ceñida el rumbo en que el VA es máximo, y es mínimo navegando en popa. De ahí que se izarán velas pequeñas en ceñida, y de mayor superficie en rumbos largos y de popa.

- Si se está pensando en tomar rizos, hacerlo sin demora. Si se piensa en quitar rizos, no apurarse en hacerlo.
- Si al tensar la driza no se puede desplazar la bolsa de la vela hacia proa ni siquiera al 50 %, es hora de cambiar de vela. Si se tensa demasiado la driza puede aparecer un hueco vertical junto al gratil de la vela.

- **Secuencia de acciones para trimar las velas**

  - Identificar la dirección del viento atmosférico VR. Conocer, o estimar, su velocidad dentro de los vientos medios, flojos o fuertes.

  - Decidir el tamaño de la vela de proa que se izará, y si se tomarán rizos en la mayor.

  - Definir hacia dónde se navegará, ya sea un rumbo náutico, un rumbo compás, o un punto en destino, prestando especial atención al límite entre la ceñida y los rumbos de través y largos.

  - Dar camino, derivando para que el barco gane estropada.

  - En una aproximación inicial, abrir las velas filando escotas hasta que el gratil comience a flamear, y entonces cazar sólo lo necesario para detener el flameo (baluma justo cerrada).

  - Trimar primero la vela de proa, y después la mayor, dado que en la de proa el viento no está perturbado.

- Conociendo la forma de navegar y las consignas propias de cada franja de rumbos, dar forma a las velas (profundidad y posición de la bolsa) accionando los mecanismos de trimado.

- En los rumbos en que privilegiamos la propulsión por sustentación aerodinámica ajustar primero el ángulo de ataque del VA en las **partes bajas** de las velas mediante los mecanismos de maniobra, hasta que el flujo sea laminar en ambas caras.

- Después, hacer lo mismo en las **partes altas** de las velas dando toda la torsión que admita el flujo del viento en ambas caras de las velas, excepto en el caso de la vela mayor en ceñida, en el cual **no debe haber torsión en su parte más alta**.

- Verificar si la abertura del canal entre las velas es adecuada según el rumbo náutico.

- Emplear los pesos (equilibrios) como complemento del trimado de las velas.

- En caso de barcos con orza establecer qué fracción se subirá, según la intensidad del viento atmosférico y el rumbo náutico.

L TRIMADO DE LAS VELAS

ON VIENTOS MEDIOS

Capítulo 2. NAVEGANDO CON VIENTOS MEDIOS

- **Navegar en ceñida con vientos medios**

  Consignas y Tips sobre la manera de navegar

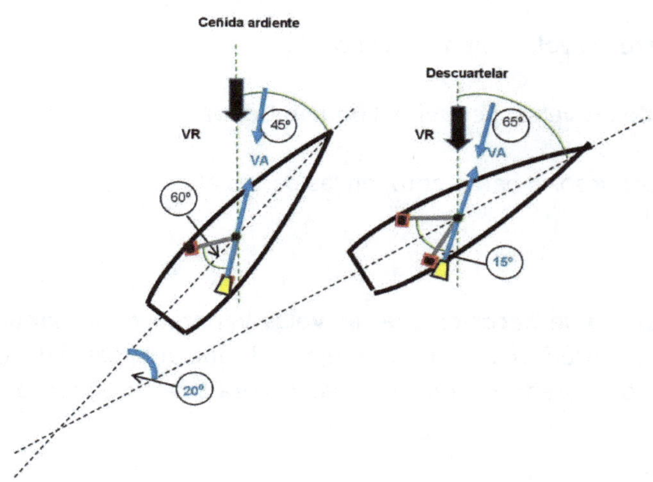

Consignas

- **La franja de los rumbos de ceñida.** Es una pequeña franja de unos **20º** que abarca desde el sector sin propulsión hasta el descuartelar. Es decir, comprende desde un ángulo del VR de 45º, hasta llegar a los 65º en el gráfico de rumbos náuticos.

  Sin embargo, tomando como referencia la visualización del VA, se aprecia como un ángulo de sólo **15º** a partir del sector en el que las velas no portan.

- **Forma de propulsión:** solo por **sustentación aerodinámica.**
- **Intensidad del VA:** para un determinado VR, el VA en ceñida es el máximo de todo el semicírculo de rumbos.

- **Sensación:** de gran velocidad. El barco escora y tiende a irse a la orza.

- **Abertura de las velas:** bien cerca del eje de crujía.

- **Profundidad de las velas:** 10%.

- **Posición de la bolsa:** en general para ambas velas, al 40% del gratil. Para ceñir al máximo, sólo en la vela de proa desplazar la bolsa al 45 o 50%.

- **Ángulo de ataque óptimo del VA:** 15°.

- **Curvatura del palo:** con el tope hacia popa.

- **Canal entre las velas:** bien estrecho.

- **Tamaño de las velas:** pequeño. Foque o Genoa 3.

- **Equilibrios:** pesos a barlovento, en las partes altas.

Tips

- **En ceñida, no se necesita que las velas generen demasiada potencia.** Se requiere que produzcan cierto empuje hacia adelante cerca del eje del viento. El exceso de potencia producirá más **escora** sin aumentar la velocidad del barco.

¿Por qué?

El exceso de escora reduce el rendimiento de las velas, por lo que no hay que permitir que aumente demasiado. El límite de la escora está en los 20º para barcos con bastante manga. Para barcos con casco más afinado, puede aceptarse que la escora alcance los 25º.

- **En ceñida ardiente el VA entra muy negado.** Para que pueda ingresar y "copiar" la forma de la vela de proa, ésta debe tener un gratil algo "afinado".

  Para ello es necesario atrasar un poco la bolsa. Pero el costo de navegar lo más cerca posible del eje del viento es que se pierde potencia y la navegación se hace más crítica.
  Se dice entonces que en ceñida ardiente se navega por la "**canaleta**" ya que la vela es difícil de llevar, no tolera errores.

¿Por qué la ceñida ardiente se asimila a una canaleta?

Porque por poco que orce el barco ingresará al sector sin propulsión y, por otro lado, si se abre un poco el rumbo, el ángulo de ataque se hará demasiado grande, el flujo de aire no accederá a la cara externa de la vela, y ésta entrará en pérdida.

Navegando en un rumbo algo más abierto que en ceñida ardiente, el gratil de la vela de proa debe ser algo más redondo, para lo cual hay que adelantar un poco la bolsa.

De esta manera la velocidad de marcha aumenta y la vela es más fácil de llevar, pero con menor ganancia de barlovento.

- **Funcionamiento conjunto de las velas**

Además de constituir las dos velas una unidad aerodinámica es válido considerar que en ceñida las dos velas funcionan como si fuera una sola vela.

Para esto, la vela de proa no debe solapar a la mayor, o solaparla poco. Por lo tanto, para navegar en ceñida es mejor izar a proa una vela pequeña, foque o genoa 3.

Hay que prestar mucha atención a cualquier señal de flameo del gratil de la vela de proa, indicador de que está por entrar en pérdida.

¿Por qué velas pequeñas?

Si izamos velas de proa grandes, como genoa 1, el solapamiento será también grande.

Por tanto, el estrechamiento del canal se desplazará más hacia la salida de la vela mayor, reduciéndose la superficie útil de ésta.

***Consecuencia**: gran parte de la cara de sotavento de la mayor recibirá un flujo de aire lento y se reducirá su participación en la propulsión.*

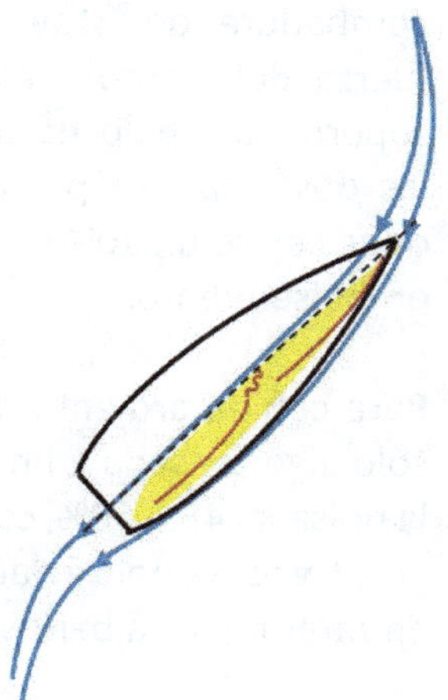

- **En ceñida, gratil fino sólo en la vela de proa.**

En la mayor no es necesario, ni tampoco conveniente, tener un gratil fino. Hay que llevar el embolsamiento hacia adelante porque así ayuda a reducir la sección del canal entre las dos velas

Con este perfil, es admisible un **cierto flameo del gratil** en la mayor en la parte del solapamiento.

Aunque parezca raro, si el solapamiento es poco, no perjudica a la mayor ni tampoco al flujo que va desde la vela de proa hacia la mayor.

- **La profundidad de las velas**

  Ideal: 10%. Esta profundidad puede ser aceptable inclusive en rumbos de través y largos siempre que se mantenga un ángulo de ataque pequeño para que el VA pueda ingresar y recorrer con flujo laminar la cara posterior de la vela.
  Esto se consigue abriendo más la vela. De esta manera, se podrá cambiar continuamente de rumbo entre ceñida y rumbos de través y largos sin cambiar la profundidad de la bolsa.

  Pero, obviamente, no se podrán alcanzar las máximas prestaciones.

- **Trimado de las velas en ceñida con vientos medios**

Trimado de la vela de proa, paso a paso

- Tensar el **backstay** para absorber toda combadura del **stay proel** debida a la fuerza del viento y así arquear la parte superior del palo hacia atrás, aplanando las dos velas. La profundidad de la vela debe ser de un 10% en su punto de mayor embolsamiento.

- Para ceñida ardiente, la **driza** debe estar sólo algo tensada a fin de atrasar un poco la bolsa, al 45 o 50%, con lo cual se afina el gratil, y así se podrá dar entrada al VA para apuntar mejor a barlovento.

- Para ceñir con velocidad, la **driza** deberá estar más cazada, con bolsa al 40% y el gratil un poco más redondo.

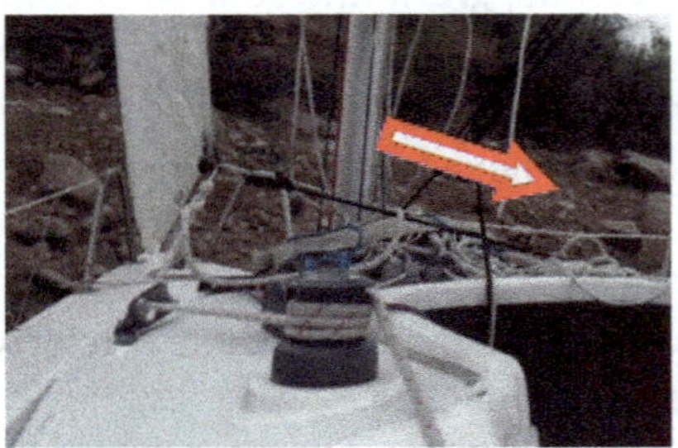

- Llevar la vela bien cerca del eje de crujía. Si hay dos carriles para el **patín** en cada banda, utilizar el interior.

- Si fuera necesario, se puede intercalar un **Barber Hauler** antes del **patín** y tensarlo desde la banda de barlovento para acercar más la vela a crujía.

- Para empezar, colocar el **patín** al centro y cazar la **escota** hasta que las curvas del pujamen y la baluma tengan la misma curvatura.

- Buscar el ángulo de ataque óptimo en las partes bajas de la vela con la **escota** hasta que la **lanita de sotavento de abajo** ondee horizontal hacia popa, y **la lanita de barlovento de abajo** tienda a elevarse separándose de la vela.

- Buscar el ángulo de ataque óptimo en las **partes altas** desplazando el **patín** a popa hasta que las lanitas de arriba ondeen igual que la de abajo.

Observar las lanitas:

- Si las 2 lanitas altas **interiores** se elevan y la baja no, la torsión es excesiva y parte del viento escapa hacia arriba sin producir potencia. Hay que reducir la torsión en la parte alta desplazando el **patín a proa** para cerrar un poco la baluma.

- Si las 2 lanitas altas **exteriores** se elevan, hay que dar algo de torsión a la vela en la parte alta abriendo la baluma. Hay que desplazar el **patín a popa** hasta que estén horizontales.

- Si todas las lanitas trabajan bien excepto la del medio el embolsamiento es excesivo. Hay que aumentar el cazado del **backstay** para reducir la profundidad de la bolsa.
- Si todas las lanitas interiores se elevan demasiado, cazar la **escota**.

- Las lanitas de sotavento siempre deben desplegarse horizontales hacia popa.

- En cuanto a las lanitas de barlovento, con pocas olas, escora media y vientos medios pueden inclinarse hacia arriba unos 30º. Con mayor escora y vientos fuertes la inclinación puede llegar a 70º.

Trimado de la vela mayor, paso a paso

- Llevar la botavara al centro.

- Cazar la **escota** y el **vang** hasta que el **batten superior** esté paralelo a la **botavara**. El objetivo inicial es que la vela no tenga torsión. La idea no es incrementar la potencia en las partes altas.

- Tensar el **pajarín** para aplanar la parte baja.

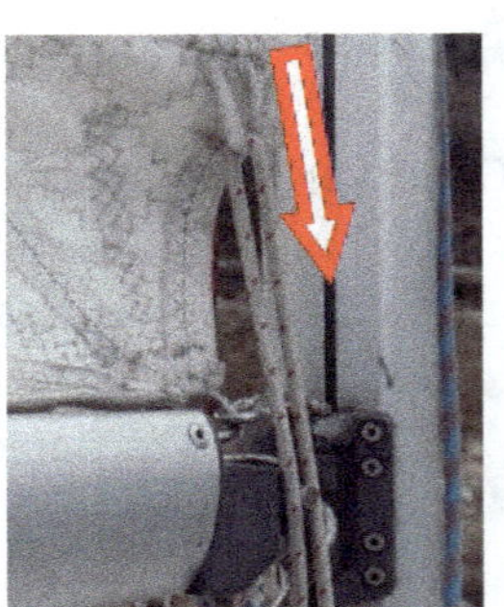

- Tensar la **driza** y cazar el **Cunningham** para llevar el embolsamiento a proa (40%) y aplanar la salida de la vela en partes altas y bajas respectivamente, buscando que la profundidad de la vela sea aproximadamente de un 10%.

  Llevar la bolsa adelante ayuda a estrechar el canal entre las velas.

- Buscar el ángulo de ataque en las partes bajas filando el **traveller** hasta que aparezca la lanita de abajo y vuele a sotavento.

- Buscar el ángulo de ataque óptimo del VA hacia las partes altas filando la **escota** y el **vang** hasta que aparezcan las restantes lanitas y todas ondeen rectas desde la baluma, excepto la de arriba que debe aparecer y esconderse intermitentemente.
- Esto indica que el flujo a esa altura está algo desprendido. Y según la experiencia, **la vela está bien trimada**.

¿Por qué está bien trimada?

El VA a tope de palo es mayor y más apopado que en las partes bajas de la vela. Si se permite que la lanita de arriba ondee también a popa tal como las restantes, esto indicaría que se admitió torsión en la parte más alta de la vela para adecuarse al VA más apopado.

Pero, en ceñida, la potencia adicional resultante no producirá más velocidad sino mayor escora y abatimiento.

- Filar el **traveller** para limitar la tendencia a orzar del timón hasta un máximo de aproximadamente 5°.

- Esa tendencia a orzar se aprecia cuando se suelta la caña y ésta forma un determinado ángulo con el eje de crujía. Las experiencias demuestran que si ese ángulo supera los 5º la corrección del timón necesaria para mantener la derrota obliga a cruzarlo excesivamente, lo cual frena el barco.

- **Una tendencia a orzar de hasta 5º no es sólo tolerable, sino también conveniente.**

- Si la tendencia a orzar es menor de 5º se dice que el barco va **demasiado plano**, y sus prestaciones son menores.

¿Por qué una tendencia a orzar de hasta 5º es conveniente?

- *Porque al mantener girada la pala del timón ese 5º se produce cierto empuje adicional.*
- *Por seguridad: en caso de soltar la caña el barco girará hacia el viento y perderá impulso hasta detenerse.*

- Si la tendencia a orzar no se puede resolver con el **traveller** se dice que el barco tiene un **comportamiento ardiente,** y habrá que actuar sobre las **causas del timón ardiente** accionando los mecanismos del trimado. Igualmente, habrá que hacer esto si el barco no tiene **traveller**.

Las causas del timón ardiente pueden ser:

- *Baluma de la mayor muy cerrada. La presión del viento sobre la zona de battens de la mayor tiende a hacer girar al barco alrededor de un eje vertical. Dar algo de torsión con el **vang** y/o la **escota**.*

- *La vela mayor está demasiado embolsada. Cazar el **backstay**.*

- ***Escota** de la mayor cazada en exceso.*

- *La vela de proa sobrepasa excesivamente el palo, está demasiado embolsada y la baluma muy cerrada. Dar torsión desplazando el **patín** a popa.*

- **Navegar en ceñida con marejada**

La marejada es un mar de olas grandes, altas, fuertes y de período largo. Recordar que el período de una serie de olas es el lapso en segundos entre el paso de la cresta de una ola y la siguiente por un punto determinado.

Con marejadas se necesita potencia para trepar y cruzar las olas, y disminuir el **rolido** que es el vaivén transversal del barco alrededor de su eje longitudinal.

Para ello, las velas deben ser algo más profundas y además no conviene navegar en ceñida ardiente sino algo más derivado, siguiendo una derrota de unos 50º respecto de la dirección del frente ola.
Al descender de una ola el barco se acelera, el VA se aproa, el ángulo de ataque disminuye y la vela flameará. Para aprovechar correctamente la energía de las olas la acción del timonel debe ser **derivar** cuando aumenta la velocidad del barco VM al descender por la ola, y con ello el ángulo de ataque será acorde con la dirección más aproada del VA.

Luego, cuando el barco reduce su velocidad al ascender hacia la cresta de la ola, el VA se hace más apopado. Para que la vela no entre en pérdida el timonel debe **orzar.**

Por qué derivar y orzar?

Al descender de la ola, la adecuación al nuevo ángulo de ataque se podría conseguir cazando la escota y, al descender, filando la escota.

Pero, claramente, no tiene sentido alterar continuamente el trimado al cruzar las olas. Sería una solución menos precisa y sobre todo incómoda.

Trimado con marejada

- **Vela de proa:** Distender algo el **backstay** para embolsar algo la vela, tensar la **driza** para llevar el embolsamiento más adelante y tener una vela más potente, atrasar el **patín** para dejar escapar el exceso de viento, filar algo la **escota** para aumentar la bolsa en la parte baja.

- **Vela mayor:** Filar algo el **pajarín** para formar un poco de bolsa abajo, tensar más la **driza**, filar la **escota** para que la vela torsione y largar el **traveller** a sotavento si es mucha la tendencia a orzar, o subirlo a barlovento si va muy plano.

- **Cómo enfrentar las rachas en ceñida con vientos medios**

Navegando con viento arrachado con un trimado plano para ceñir al máximo, al entrar una racha el aumento repentino del VR no se traducirá en mayor velocidad de marcha VM sino en una mayor intensidad y mayor apopamiento del VA, el cual ingresará al barco más prestado, más a popa, **como recostándose sobre el VR**.

- **En ceñida ardiente, ganando barlovento**

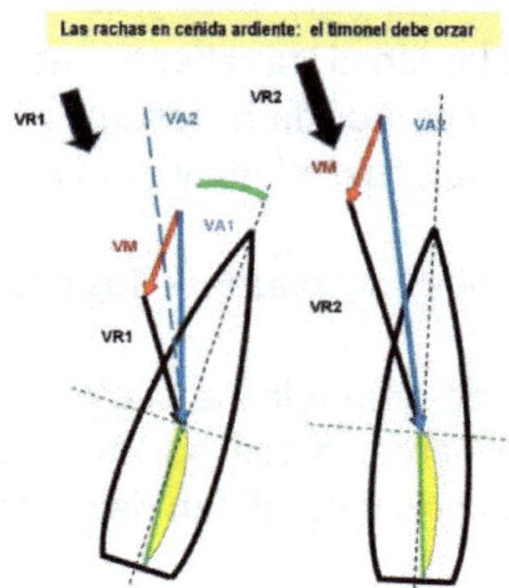

✓ En este caso, la reacción del timonel debe ser **orzar** acompañando con el timón la orzada producida por la racha.

✓ Se restablece el ángulo de ataque inicial del viento aparente (en el esquema, VA1 pasa a VA2), se reduce la presión del viento sobre esa zona de la mayor, el barco adriza y gana barlovento.

✓ Como consecuencia, habrá más escora y el barco tenderá a orzar debido al aumento de la presión del viento en la **zona de battens** de la vela. Cuando la racha pasa, el timonel **deriva** y retoma el rumbo anterior sin alterar el trimado.

- **En ceñida, sin ganar barlovento**

✓ Para enfrentar la racha conviene en primer lugar largar el **traveller** a sotavento. Si el barco no tiene **traveller** se fila la **escota** de la mayor.

✓ El efecto es similar, pero, si hay **traveller,** es preferible emplearlo porque una vez que pasa la racha es fácil recuperar el trimado llevándolo de nuevo a su posición inicial. El cabo de comando del **traveller** debe estar bien accesible desde la banda de barlovento.

✓ Recordar que al filarlo se reduce el ángulo de ataque en toda la altura de la vela y con ello el viento pasa y se reduce la presión sobre la zona de **battens**, pero la baluma se mantiene tensa.

La embarcación mantendrá entonces su escora bastante constante.

✓ Si las rachas son fuertes, se largan el **traveller** y la **escota**. No es conveniente dejarla cazada porque la racha podría hacer que el barco cruce por el eje del viento con la vela de proa acuartelada y gran escora.

Estas acciones se hacen más efectivas desplazando los pesos a barlovento.

✓ Finalmente, como recurso de última instancia, complementar las acciones anteriores "pinchando" el barco, o sea orzando hasta que el ángulo de ataque sea tan pequeño que las velas dejen de portar.

El barco adrizará, pero perderá rumbo y velocidad.

- **Navegar en través y largos con vientos medios**

Consignas y Tips sobre la manera de navegar

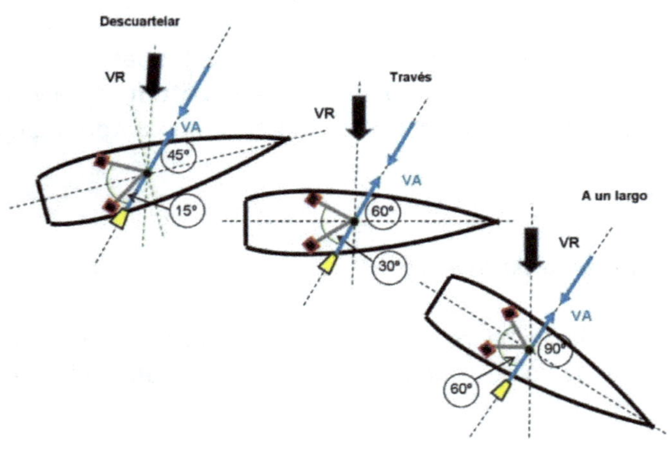

Consignas

- **La franja de los rumbos de través y largos**. Abarca desde el descuartelar hasta los rumbos de vientos muy largos. En términos prácticos, comprende desde el fin del viento muy negado de la ceñida, hasta que las velas dejan de tener propulsión por sustentación aerodinámica.

  Dentro de la franja de través y largos los rumbos son:

  Descuartelar: El VA ingresa a 45º de crujía y por lo tanto **se ve como ceñida del VA**. Pero atención !!!, no se trima según las consignas de ceñida sino con las de los rumbos de través y largos.

  Través: El VA ingresa a 60º de crujía y también **se ve como ceñida del VA**. Pero se trima el aparejo con las consignas de través y largos.

  Largo: El VA ingresa a 90º de crujía y **se ve como través del VA**.
- **Propulsión:** por sustentación aerodinámica + resistencia al viento.
- **Necesidad:** potencia.
- **Sensación:** el barco escora menos que en ceñida. La sensación de velocidad disminuye progresivamente hasta el largo, en el que ya es de bastante suavidad, haciéndose más fácil controlar el rumbo.
- **Funcionamiento conjunto de las velas:** como una unidad aerodinámica. Cuando se hace un cambio en una vela hay que corregir en la otra.

  Pero no operan como una sola vela.
- Intensidad del viento aparente VA: va disminuyendo desde el descuartelar hasta algo más allá del largo. Hasta la franja del través, la intensidad del VA es mayor que la del VR. En el largo el VA es menor que el VR.
- **Aproamiento del VA respecto del VR:** desde unos 20° en el descuartelar aumenta hasta los 30° en el través y continúa incrementándose hasta unos 35° en el largo. Disminuye después rápidamente a 15º en la aleta.
- **Angulo de ataque:** óptimo 20°.
- **Profundidad de la bolsa:** óptima 15%.
- **Posición de la bolsa:** hacia adelante, hasta un 35% o 40% en las dos velas.

- **Curvatura del palo:** adrizado, o con el tope hacia proa.

- **Orientación de las velas:** Abiertas. El ángulo de abertura aumenta gradualmente, siendo de unos 30° en el través y ya en el largo van bien abiertas.

- **Forma de las velas:** Deben ser profundas y tener torsión para obtener de ellas la máxima potencia en toda su altura.

- **Tamaño de las velas:** mayor que en ceñida, según lo permita la intensidad del VR.

- **Canal entre las velas:** abierto, sin estrechamiento, con similar sección a la entrada y a la salida del canal. Los ángulos de ataque y la abertura de ambas velas deben ser similares de manera que la resultante de las fuerzas de empuje, en ambas velas, tengan la misma dirección.

- **Equilibrios:** pesos a barlovento.

Tips

- **La forma de navegar y trimar el aparejo entre el descuartelar y el largo es la misma.** La única diferencia es la abertura de las velas, progresivamente mayor. Ya en el descuartelar las condiciones de navegación varían con respecto a ceñida, y no sólo en cuestión de matices, sino de fondo.

  El viento entra bastante más prestado. Por eso las velas van más abiertas y hay que dejar de aplanarlas.

  La velocidad del barco aumenta con respecto a ceñida llegando a un máximo en el través, o en el largo según el barco, para después empezar a decrecer.

  Observando la veleta se comprueba que el VA es bastante estable y poco sensible a movimientos del timón, lo cual permite hacer cambios de dirección dentro de la franja de rumbos sin hacer demasiados cambios en los ajustes.
- **La propulsión**
  Se obtiene parcialmente por sustentación aerodinámica y en parte por resistencia al viento. Para extraer de las velas la máxima potencia, la sustentación aerodinámica debe predominar, lo que se consigue asegurando que el flujo sea laminar hasta el borde de fuga en toda su altura.

- **La potencia conseguida por sustentación es tanto mayor cuanto mayor sea la profundidad de la vela.**

  Es ideal la de alrededor de **15 %** para esta franja de rumbos.

- **El ángulo de ataque.**

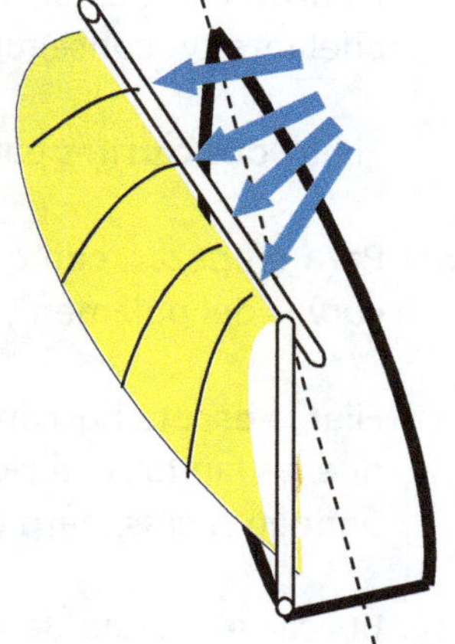

  Para esta bolsa, el ángulo de ataque óptimo es de **20º**. Pero, a diferencia de la ceñida, en la que el ángulo de ataque prácticamente no admite variaciones, en los rumbos de través y largos una vela con profundidad del 15% admite ángulos de ataque algo mayores que 20º con relativamente poca pérdida de rendimiento.

- **Curvatura del palo.**

  El palo, que en ceñida se curvaba hacia popa, se adriza, o hasta apunta el tope hacia proa.

- **La torsión.**

  En estos rumbos, debido al gradiente del viento el VA se hace más intenso y apopado en las partes más altas.

  Por eso, hay que dar **torsión** a las velas para adecuar el ángulo de ataque del VA a fin de que pueda ingresar y mantener un flujo laminar hasta el borde de fuga en toda la altura de las velas. Así se logra la máxima potencia.

  Se puede mantener este esquema del palo adrizado, o hasta con el tope hacia proa, mientras el barco navegue sin demasiada escora.
  Recordar que el límite de escora es de unos 20º en barcos con buena manga, y de unos 25º en el caso de barcos con casco más regatero.
  Cuando a causa de la intensidad del viento ya no se consiga navegar con una escora razonable habrá que enderezar el palo o inclusive curvar el tope de palo hacia atrás para aplanar las velas.

Trimado de las velas en través y largos, con vientos medios

Trimado de la vela de proa, paso a paso

- Filar el **backstay** hasta que el palo adrice o se curve un poco hacia adelante.
- La **driza** debe estar más tensada que en ceñida para desplazar la bolsa hacia adelante y conseguir un gratil redondo. La vela tendrá más potencia.
- Si hay dos **carriles** para el patín en cada banda, usar el exterior.
- Para empezar, con el **patín** al centro del carril, cazar la escota hasta que las curvas del pujamen y la baluma tengan la misma curvatura.
- Filar la **escota** buscando el ángulo de ataque óptimo en las partes bajas hasta que las lanitas exteriores de la vela ondeen rectas hacia popa, y las interiores ondeen rectas, pero tendiendo a elevarse.
- Buscar el ángulo de ataque óptimo en las partes altas desplazando el **patín** hacia popa dando torsión a la vela hasta que las lanitas de arriba ondeen igual que las de abajo, indicando que el ángulo de ataque se mantiene uniforme en toda la altura de la vela.
- Observar las lanitas y, según cómo se orienten, emplear los elementos de maniobra de la vela de proa para realizar correcciones, según lo explicado para rumbos de ceñida.
- Si la vela sobrepasa el palo y las escotas se establecen por fuera de los obenques (sin pasar por el **patín)** la torsión se puede controlar estableciendo un **Barber Hauler**, tensando o filando desde la banda de sotavento.
- Verificar la torsión según el criterio **baluma justo cerrada** que significa dar sólo la torsión necesaria, evitando dejar escapar viento sin producir propulsión. Para ello, se fila la escota hasta que aparezcan las lanitas, y en seguida se la caza un poco.
- Si la torsión es excesiva se elevan demasiado las lanitas de la cara interna de la vela. Hay que cazar la escota.

Trimado de la vela mayor, paso a paso

- Filar el **pajarín** hasta que la profundidad de la bolsa sea aproximadamente de un 15% en el punto de mayor embolsamiento.

- Cazar la **driza** y el **Cunningham** para desplazar hacia adelante la bolsa en las partes alta y baja de la vela respectivamente. La vela aumenta su potencia.

- Con el **vang** y la **escota** cazados y con la botavara al centro, buscar el ángulo de ataque óptimo del VA en las partes bajas de la vela filando el **traveller** hasta que ondeen rectas hacia popa las dos lanitas de abajo. .

- Filar la **escota** y después el **vang** para permitir torsión en las partes altas de la vela hasta que las lanitas de arriba también ondeen rectas hacia popa. La premisa es, también, **baluma justo cerrada.**

- Filar el **traveller** para limitar la presión sobre el timón hasta un máximo de 5º. Recordar que el **traveller** cambia el punto de cazado de la mayor alterando el ángulo de ataque del VA en toda la vela, pero sin producir torsión.

NOTAS

- En los rumbos de través y largos, cuando la botavara ya no está sobre el **traveller,** éste deja de tener efectos. A partir de ese punto habrá que continuar buscando el ángulo de ataque óptimo en las partes bajas mediante la **escota**, y para las partes altas emplear el **vang**.

- Igualmente, si el barco no tiene **traveller** habrá que emplear la **escota** para abrir la vela hasta que aparezcan las lanitas de abajo y completar el trimado hacia arriba con el **vang**.

- También habrá que limitar la tendencia del timón a orzar más de 5º con la **escota** y, en tal caso, compensar cazando el **vang**.

- Navegando en través y largos con una vela mayor demasiado plana, el VA podrá acceder a la cara de sotavento solamente si el ángulo de ataque es pequeño.

  Para esto habría que abrir mucho la vela mayor y se estrecharía demasiado el **canal** entre la baluma de la vela de proa y la cara externa de la mayor, lo cual es contrario a la consigna de mantener constante la sección del canal.

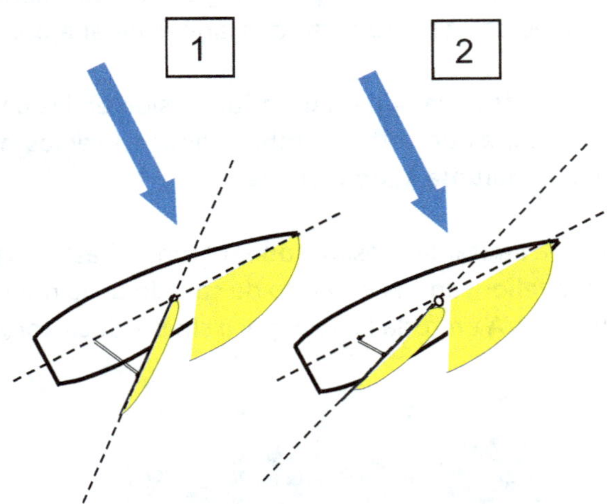

  La consecuencia es que la presión del viento sobre la parte delantera de la mayor hará flamear el gratil y la inflará a la contra, reduciéndose la parte útil de la vela y la potencia que genera.

  La solución es entonces filar el **pajarín** aumentando el embolsamiento y trasladándolo hacia adelante con lo cual el gratil más redondo admite un ángulo de ataque mayor, se puede cerrar un poco la vela y así tener un canal abierto.

- El **pajarín** no es de fácil manipulación cuando la vela está cargando por lo que puede aplicarse el siguiente recurso: mantener filado el **pajarín** hasta situar el puño de **escota** en posición adecuada para vientos flojos.

  Entonces, cuando se hace necesario embolsar o aplanar la parte baja de la vela, en lugar de actuar sobre el **pajarín** se puede manipular el **rizo de aplanar** (no siempre lo tienen las velas) el cual se puede filar o cazar con más facilidad y conseguir un efecto final similar:

  Cazando el rizo de aplanar, se aplana la parte baja de la vela y la bolsa se atrasa. Filando, la bolsa aumenta y se adelanta.

Medios para abrir el canal entre las velas

- **Instalar un Barber Hauler.** Puede colocarse por delante del patín o de lo contrario más atrás si la **escota** se envía a popa por fuera de los obenques. Hay que tensarlo desde la regala de sotavento.

- **Establecer una escota adicional por fuera de los obenques.** Mantener en banda las escotas tradicionales para cuando se navegue en otros rumbos.

- **Atangonar la vela de proa.** La **escota** pasa por el extremo del tangón que se apareja horizontal y hacia adelante.

- Un **amantillo** sostiene el tangón, una **contra** que se toma desde cerca de la proa controla el desplazamiento del tangón hacia atrás y una **braza** evita que el tangón se desplace hacia adelante.

- Para navegar en cualquier otro rumbo se libera la **escota** que pasa por el extremo del tangón, se filan la braza y la contra, se iza el tangón junto al palo con el amantillo, sin retirarlo del tintero, y la vela de proa pasa a comandarse con las **escotas tradicionales**.

Cómo enfrentar rachas en rumbos de través y largos

Como resultado del repentino aumento del VR provocado por la racha, aumenta la propulsión de las velas y **el barco arremete hacia adelante aumentando su velocidad**.

En consecuencia, el VA aumenta su intensidad y también su aproamiento respecto del VR, con lo que el ángulo de ataque se hace demasiado pequeño. Entonces, para aprovechar debidamente aquella propulsión producida por la racha **el timonel deberá mantener** la **escota** cazada y **derivar** hasta recuperar el ángulo de ataque inicial.

Así, las velas quedarán correctamente orientadas durante la racha, sin alterar el trimado. Una vez que pasa la racha el timonel **orza** para volver al rumbo original. Sólo en caso de rachas muy fuertes se filan rápidamente las **escotas** y, si la situación se torna desastrosa, se larga en banda el **vang.**
Recordar que su cabo de comando debe estar siempre bien accesible. También se puede largar el **traveller**, pero teniendo en cuenta que en rumbos muy abiertos ya no tiene efectos.

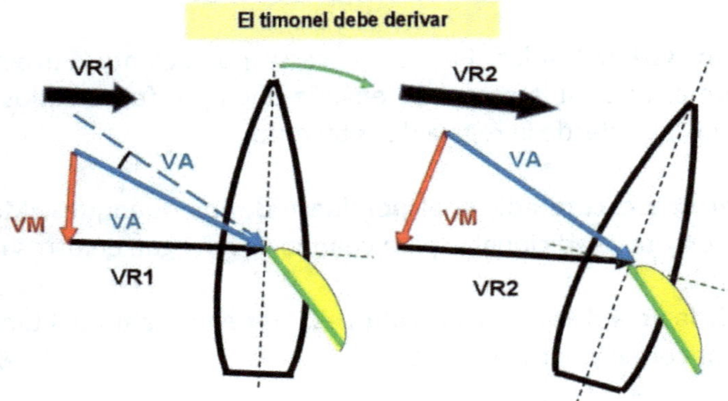

Diferencias sobre la forma de enfrentar las rachas en ceñida sin ganar barlovento, y en rumbos de través y largos.

En el primer caso, la consigna es filar el **traveller** o la **escota** de la mayor para reducir la escora producida por un VA que, al entrar más prestado, produce un repentino aumento de presión en la **zona de battens** de la mayor.

En el segundo caso, la consigna es mantener la **escota** de la mayor cazada y derivar para aprovechar el aumento de propulsión producido por la racha. Queda claro entonces que las acciones a realizar en ambos caso son bien distintas.

Tomemos ahora el caso de un barco en el que ingresa una racha mientras navega en un **través**, con el VR ingresando a unos 90º del eje de crujía y el VA unos 30º más aproado.

Supongamos ahora que el timonel está acostumbrado a definir los rumbos náuticos en base a la dirección del VA.

Entonces, al ver que el VA ingresa al barco con un ángulo de unos 50º grados del eje de crujía, el timonel considera que el barco navega en **ceñida** y decide enfrentar la racha apelando a las consignas para rachas en rumbos de ceñida.

El timonel fila entonces la **escota** pensando en evitar un aumento de la escora, y qué ocurre?: la vela entra en pérdida y el barco pierde propulsión.

En cambio, si hubiera derivado manteniendo la **escota** cazada el barco hubiera ganado en propulsión aprovechando la racha.

- **Navegar en rumbos de vientos muy largos con vientos medios**

Consignas y Tips sobre la manera de navegar

- Es un sector del semicírculo de rumbos que abarca desde un ángulo intermedio entre el largo y la aleta, hasta los **150º** de la aleta. En términos prácticos, es una franja en la que se abandona el trimado de propulsión por sustentación aerodinámica y se pasa a otro de propulsión sólo por resistencia al viento.
- Necesidad: maximizar la superficie expuesta al viento.
- Sensación: suavidad. La intensidad del viento aparente VA: disminuye continuamente a medida que se abre el rumbo.
- Angulo de ataque: Ya es demasiado grande. El VA no puede acceder a la cara externa de las velas.
- Profundidad de la bolsa de las velas: poca.

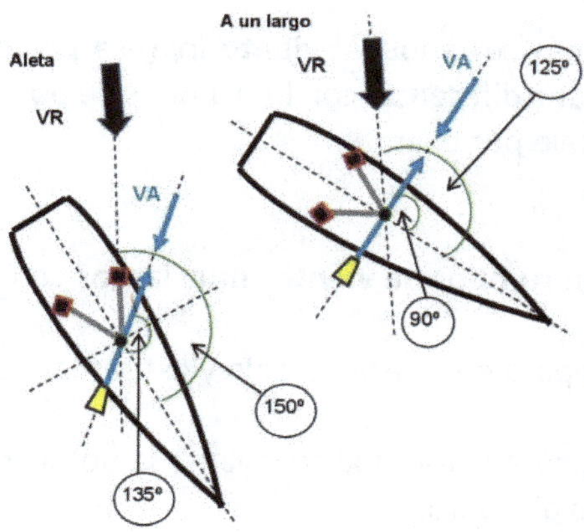

- Orientación de las velas: bien abiertas. Ambas establecidas a sotavento.
- Canal entre las velas: bien abierto.
- Equilibrios: pesos a popa.

Los textos especializados en velas se refieren al caso especial en el que los vientos se hacen muy largos.

En estos rumbos, el aproamiento del VA disminuye muy rápidamente y se apopa, casi recostándose contra el VR a medida que el rumbo se va abriendo hacia la aleta.

Esto determina que cualquier giro de la proa producido por movimientos involuntarios del timón, o por las olas, se aprecia en la veleta como una fuerte oscilación del VA, algo que un navegante inexperto podría interpretar que el viento bornea.

Debido al apopamiento del VA, el ángulo de ataque cada vez mayor llega a impedir que el viento recorra la cara externa de las velas.

Es necesario entonces descartar ya la propulsión por sustentación aerodinámica y privilegiar la propulsión por resistencia al viento. El empuje es menor que en rumbos más cerrados, pero no hay otra opción.
En consecuencia, con vientos muy largos hay que volver a aplanar algo las velas para así estirarlas y aumentar la superficie expuesta al viento.

El palo, que en través y largos tenía el tope apuntando a proa, ahora debe enderezarse.

Tal como en rumbos más cerrados, **el viento ingresa por el gratil y sale por la baluma**, lo cual marca una diferencia con los rumbos de popa, en los que el viento entra por la baluma y sale por el gratil.

Trimado de las velas en rumbos de vientos muy largos con vientos medios

- Tensar el **backstay** para enderezar el palo y estirar las velas.

- Cazar bien el **Vang** para evitar que se levante la botavara y que se reduzca la superficie expuesta al viento.

- Profundidad de la bolsa de las velas: poca, para aumentar la superficie expuesta al viento.

- **Navegar en rumbos de popa con vientos medios**

  Consignas y Tips sobre la manera de navegar

  - Sector del semicírculo de rumbos que abarca desde los **150º** de la aleta, hasta la popa redonda. a 180º del eje de crujía.

- Propulsión: sólo por resistencia al viento.
- Necesidad: maximizar la superficie expuesta al viento.
- Sensación: de poco control, el rumbo no es fácil de controlar. La velocidad parece muy baja. Hay gualdrapeos, poca sensación de timón y **rolido**, que es un vaivén en sentido transversal hacia uno y otro lado del eje de crujía, alrededor de un eje longitudinal del barco.

- Profundidad de la bolsa de las velas: poca.

- Orientación de las velas: bien abiertas, establecidas una a sotavento y la otra a barlovento.
- Intensidad del VA: menor que el VR. La diferencia entre ambos es la velocidad de marcha VM.
- Aproamiento del VA respecto del VR: disminuye desde unos 15º en la aleta hasta 0º en la popa redonda.
- Equilibrios: pesos a popa.

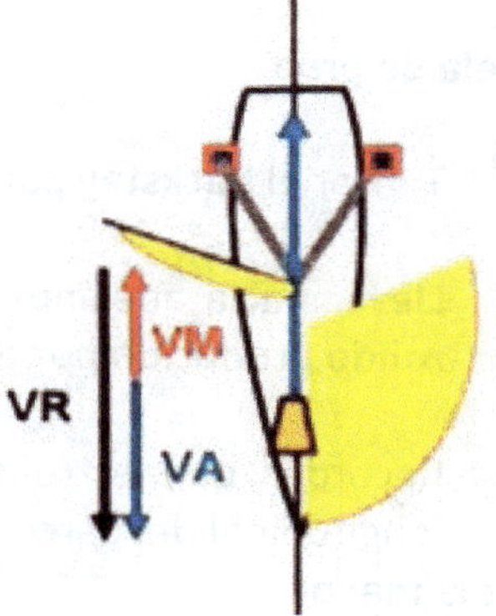

A partir de la aleta, el apopamiento del VA ya impide a la vela de proa portar establecida a sotavento, debido a que la apantalla la mayor.
Para que pueda volver a portar debe establecerse a barlovento, o sea navegar a orejas de burro donde funcionará, al igual que la mayor, solo por resistencia al viento.

Tal como en los rumbos de vientos muy largos, **hay que estirar las velas** y para ello se debe enderezar el palo. Al reducir la profundidad se aumenta su superficie.

Los rumbos de popa son comparativamente lentos. Como puede verse en el gráfico de rumbos, a partir de cierto punto todo lo que se haga para aumentar la velocidad de marcha VM significará una reducción en la intensidad del viento aparente VA, y la velocidad volverá a caer.

Al navegar en rumbos de popa se invierte la dirección del flujo que circula por las caras interiores de las velas, **ingresando por la baluma y saliendo por el gratil**, lo cual determina que la vela de proa se infla y desinfla continuamente.

Para llegar a un punto de destino a sotavento con más rapidez, sin apelar a recursos adicionales como atangonar la vela de proa, emplear spinaker o izar dos velas de proa, conviene evitar los vientos de popa.

En su lugar, es preferible realizar piernas a unos 30º a ambos lados del VR navegando por la aleta, rumbo náutico más rápido y estable en el cual las dos velas están a sotavento.

Trimado de las velas en rumbos de popa con vientos medios

Vela de proa

- Tensar el **backstay** para enderezar el palo y estirar las dos velas.

- Llevar hacia adelante el patín para tensar la baluma y así contrarrestar el **rolido** producido por exceso de torsión.

- Recordar que el rolido es un movimiento de vaivén alrededor del eje longitudinal del barco.

Vela mayor

- Cazar bien el **vang** hasta que la botavara esté a 90º del palo para evitar que ésta se levante y que se reduzca la superficie expuesta al viento.

  Por otra parte, al mantener la tensión en la baluma se evita que parte del viento escape sin agregar propulsión, y que el exceso de torsión produzca rolido.

- Filar el **vang** antes de trasluchar para abrir la baluma y así reducir la presión del viento cuando la vela mayor pasa a la otra banda.

- No es conveniente disminuir la velocidad del barco cuando se va trasluchar, ya que eso produce un aumento del VA, y también de la presión que éste ejerce sobre la vela mayor.

- Equilibrios: pesos a popa.

- Barcos con orza: 100% arriba.

Cómo navegar mejor en rumbos de popa.

Establecer las velas a orejas de burro puede funcionar más o menos bien sólo cerca de la popa redonda, pero aún así la vela de proa tendrá un comportamiento inestable, inflándose y desinflándose continuamente.

Para navegar más rápido en **rumbo directo a sotavento** existen varias alternativas:

- **Atangonar la vela de proa a barlovento.** Es adecuado para navegar desde la popa redonda hasta unos **30º** del VR, aproximadamente hasta la aleta. El resultado será una gran mejora en velocidad y también para timonear.

  Un **amantillo** sostiene el tangón; una **contra** cerca de la proa controla el desplazamiento del tangón hacia atrás y una **braza** evita que el tangón se desplace hacia delante cuando se fila la escota.
  Para navegar en cualquier otro rumbo se libera la escota que pasa por el extremo del tangón, se filan la braza y la contra, se iza el tangón junto al palo sin retirarlo de su anclaje en el tintero, y la vela de proa vuelve a comandarse con las escotas tradicionales.

- **Navegar solamente con la vela de proa.** Cuando se navega en crucero en rumbos de popa la mayor suele rozar contra los obenques y las crucetas, y además la gran superficie vélica fuera del palo puede favorecer que se produzcan orzadas provocadas por el viento y el mar.

  Arriando la mayor se navegará con mucha tranquilidad, especialmente cuando el viento aumenta. Conviene aparejar una **escota adicional** por fuera de los obenques manteniendo inactivas las **escotas tradicionales** para cuando haya que navegar en otros rumbos.

- **Arriar la mayor e izar dos velas de proa.** Es ideal cuando se va a navegar durante un tiempo prolongado en rumbos muy francos o de popa.

  Para aumentar la superficie vélica se puede dejar izado el genoa más grande disponible y aparejar además un foque o genoa con el gratil suelto.

- **Retenidas.** Si se va a navegar en rumbos de popa durante un tiempo largo puede ser conveniente aparejar una retenida, con la cual se impide que la botavara pase violentamente por la bañera.

  Un modo de hacerlo es afirmarla al extremo de la botavara, y enviarla hacia un **motón o cornamusa** cerca de la proa y de ahí al cockpit, a fin de que poder largarla rápidamente si se hiciera necesario trasluchar.
  También se puede aparejar de otras maneras, por ejemplo, más corta, tomándola desde un **arraigo en la regala cerca de los obenques.**

  Una solución práctica es pasar la retenida por la fijación en la botavara y volver con el chicote hacia el cockpit donde se hace un **as de guía largo**, el cual se puede soltar para liberar la retenida sin salir del cockpit.

La retenida impide la trasluchada pero hay que prestar mucha atención al timón porque el efecto de un viento fuerte sobre una mayor con retenida puede hacer girar al barco alrededor de un eje vertical, con gran escora.

- **Izar spinaker simétrico o asimétrico.**

L TRIMADO DE LAS VELAS

ON VIENTOS FLOJOS

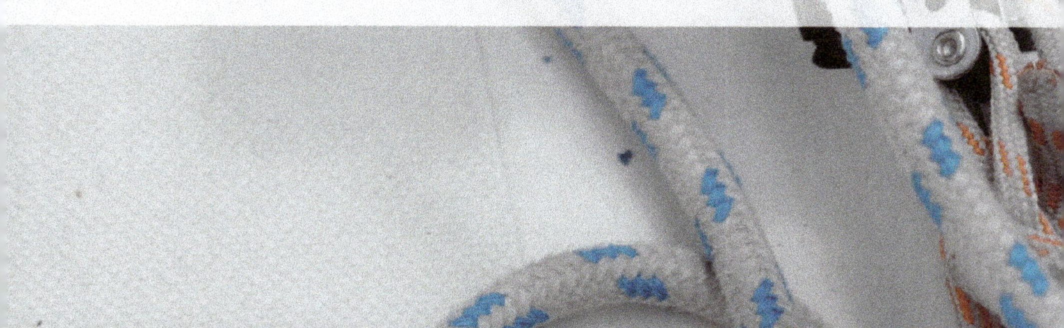

Capítulo 3. NAVEGANDO CON VIENTOS FLOJOS

- **Navegar en ceñida con vientos flojos**

Consignas y Tips sobre la manera de navegar

Con vientos flojos hay que priorizar movimiento del barco. Para eso hay que procurar la máxima propulsión posible de las velas. Pero el embolsamiento de las velas no debe aumentar demasiado ya que, en tal caso, el flujo de aire que circula por la cara de sotavento perderá adherencia en el borde de fuga, se hará turbulento y la vela entrará en pérdida.

Equilibrios: tripulación a sotavento, a proa y abajo, para escorar un poco el barco, reducir la parte mojada de la carena, disminuir el rozamiento y ganar algo de propulsión.

Trimado de las velas en ceñida con vientos flojos

Vela de proa, paso a paso

- **Backstay** bastante flojo para que el **stay proel** pueda arquearse y las dos velas estén más llenas. En comparación con la ceñida en vientos medios y altos, el palo se adriza.

- **Driza** algo filada para reducir el ángulo y tratar de navegar cerca del eje del viento sabiendo que, de todos modos, no podremos ceñir demasiado.

- Con el **patín** al centro cazar bien la **escota** hasta que las curvas del pujamen y la baluma tengan la misma curvatura. Filar la **escota** hasta que las lanitas de abajo ondeen rectas.

- Largar el **patín** hacia popa hasta dar a la vela toda la torsión que permitan las lanitas de arriba, que mostrarán el punto en el que el flujo deja de ser laminar. El pujamen debe estar tensado y la baluma bastante abierta.
- La vela se aplana abajo y la parte alta se alabea hacia proa para aprovechar el gradiente de viento, que es importante con vientos flojos debido a la marcada diferencia entre el VA de las partes altas y las bajas. Arriba se hace más intenso y apopado.

- Para ganar propulsión desplazar un poco el **patín** hacia proa con lo que la vela tendrá más embolsamiento pero se cerrará la baluma, por lo cual convendrá filar un poco la **escota**.

- El objetivo de estas acciones debe ser que la máxima profundidad de la bolsa esté aproximadamente en el centro de la vela.

Vela mayor, paso a paso

- Llevar la mayor al centro con la **escota** y el **traveller**.

- Filar algo el **pajarín** para dar un poco de bolsa a la parte baja de la vela, pero no demasiado para evitar que el flujo de sotavento se desprenda a la salida.

- Con la mayor al centro, cazar el **traveller** a barlovento y filar la **escota** para dar a la vela toda la torsión que permitan las lanitas de arriba, sin que la vela entre en pérdida.

- **Navegar en través y largos con vientos flojos**

Consignas y Tips sobre cómo navegar

- El perfil de las velas no difiere mucho de lo requerido para ceñida; la única diferencia es que las velas deben estar un poco más embolsadas ya que el viento entra más prestado.

- El palo debe estar adrizado o algo curvado negativamente con el tope inclinado hacia proa. Es más importante conseguir buen embolsamiento que el aspecto de las velas.

- Se mantiene la premisa de: **baluma justo cerrada**

Equilibrios: tripulación a sotavento, a proa.

Trimado de las velas en través y largos con vientos flojos

Las instrucciones de trimado para ambas velas son básicamente las mismas que para vientos medios, y además:

- Filar totalmente el backstay.

- Filar las drizas hasta que aparezcan arrugas en el gratil.

- **Navegar en rumbos de vientos muy largos y de popa con vientos flojos**

Consignas y Tips sobre cómo navegar

No difiere mucho de los rumbos de través y largos

Equilibrios: pesos a proa para escorar un poco el barco, reducir la parte mojada de la carena, disminuir el rozamiento y ganar algo de propulsión.

Trimado de las velas

Vela de proa, paso a paso

- Filar el **backstay**
- Filar la **driza** para embolsar la vela
- La baluma y el pujamen deben tener la misma tensión

Vela mayor, paso a paso

Solamente con **vientos flojos de popa** conviene filar algo el **vang** y cazar el **balumero** para llevar la vela embolsada, casi como un spinaker.

Esto formará en la baluma una especie de garra que apunta a barlovento, como si fuera una mano con los dedos juntos y medio cerrados.

Al aplicar esta tensión la baluma se cierra y la vela toma un embolsamiento muy favorable para navegar en popa.

L TRIMADO DE LAS VELAS

ON VIENTOS FUERTES

Capítulo 4. NAVEGANDO CON VIENTOS FUERTES

- **Navegar en ceñida con vientos fuertes**

Consignas y Tips sobre cómo navegar

Con estos vientos el objetivo es mantener el gobierno de la embarcación para que la escora no sobrepase los límites que permite su diseño.

Por eso, las velas deben quedar aplanadas y con un trimado que permita abrir gradualmente la baluma hacia la parte superior.

En ceñida, los vientos fuertes aumentan la combadura del **stay proel** y aumentan el embolsamiento de la vela de proa más de lo que puede controlar el **backstay**.

Con mar agitada habrá que manejarse con el timón sin mantener un rumbo exacto. Por lo tanto, convendrá tener una vela de proa más llena con la cual disponer de la potencia necesaria para el gobierno del barco.

Trimado de las velas en ceñida con vientos fuertes

Vela de proa, paso a paso

- Cazar bien el **backstay**
- Tensar la **driza** al máximo (bolsa al 35%).
- Cazar la **escota** al máximo.
- Si a pesar del trimado plano el barco no adriza lo necesario, desplazar el **patín** a popa para abrir la baluma en la parte alta y dejar escapar el exceso de viento.

Vela mayor, paso a paso

- Hay que aplanar la vela mayor para quitarle potencia. Todos los **battens** deben quedar paralelos al eje de crujía.
- El viento fuerte atrasa mucho la bolsa, Para contrarrestar, tensar bien la **driza** y el **Cunningham** (bolsa al 35%).

- Cazar el **pajarín** y el **rizo de aplanar**, para aplanar al máximo la parte baja.

- **Vang** cazado.

- Con el **traveller** al centro, cazar bien la **escota** para cerrar la baluma y disminuir la torsión producida por el viento.

- La expresión: **viento fuerte – barco plano** se refiere a filar el **traveller** lo necesario para tener un timón liviano que no tienda a apartarse más de 5º de crujía.

- Si el viento sigue aumentando, largar a sotavento el **traveller** para reducir la propulsión, y también la **escota** para dar torsión arriba abriendo la baluma lo necesario para dejar escapar el exceso de viento.

- **Navegar en través y largos con vientos fuertes**

Consignas y Tips sobre cómo navegar

- Con vientos fuertes, mientras la situación se mantenga controlada las velas pueden seguir embolsadas y cerradas (baluma justo cerrada) como con vientos medios, con el palo recto o curvado hacia adelante para producir la máxima potencia.

- Cuando el viento aumenta, se debe optar entre trimado óptimo y gobierno seguro.

- Cuando se decide esto último habrá que **aplanar las velas** para que pierdan energía, y si la situación se complica deberá haber un constante trabajo con las escotas para largarlas si es necesario para dejar escapar el exceso de viento.

- El timonel debe encargarse de contrarrestar las peligrosas guiñadas de la manera que se indica para los rumbos de popa.

Trimado de las velas en través y largos con vientos fuertes

Vela de proa, paso a paso

Es similar al de vientos medios. Si es necesario, largar la escota, pero sin que la vela flamee demasiado

- Filar el **backstay** hasta que el palo se curve un poco hacia adelante.
- Tensar la **driza** para desplazar la bolsa hacia adelante y conseguir un gratil redondo.
- Partiendo de **patín** al centro y con **escota** cazada, filarla buscando el ángulo de ataque óptimo en las partes bajas.
- Buscar el ángulo de ataque óptimo en las partes altas desplazando el **patín** hacia popa dando torsión a la vela hasta que las lanitas de arriba ondeen igual que las de abajo indicando que el ángulo de ataque se mantiene uniforme en toda la altura de la vela.
- Controlar la torsión observando las lanitas.

Vela mayor, paso a paso

En principio, se trata de un trimado para que la vela pierda energía:

- **Vang** y **escota** cazados para reducir la torsión.
- **Pajarín** cazado para aplanar la parte baja de la vela.
- **Driza** y **Cunningham** a medio tensar.
- **Traveller** filado lo necesario para reducir la escora y la tendencia a orzar.
- En caso de emergencia, con el viento aumentando demasiado, largar el **vang** y filar la **escota** para abrir la vela, o largarla, para aumentar la torsión y dejar escapar el exceso de viento.

- **Navegar con vientos muy largos y de popa con vientos fuertes**

Consignas y Tips sobre cómo navegar

Con vientos fuertes y aguas agitadas, cualquier barco realiza violentas **guiñadas**, es decir vira y se balancea a sotavento y a barlovento **alrededor de un eje vertical**.

Para contrarrestarlas, ante todo hay que desplazar los pesos a popa para que el barco se mueva menos, y el timonel debe reaccionar con anticipación procediendo de la siguiente manera:

✓ Si el barco escora a sotavento, derivar (caña a barlovento).

✓ Si el barco escora a barlovento, orzar (caña a sotavento).

Recordar que, en rumbos de popa, sotavento es la banda donde está establecida la mayor.

Trimado de las velas

Vela de proa

Si hay tangón, llevarlo a barlovento para aplanar la vela de proa. Conviene tratar que el tangón reduzca sus movimientos empleando braza y contra.

Vela mayor

Cazar al máximo el **Vang** para cerrar completamente la baluma, evitando la torsión que produce **rolido**.

L TRIMADO DE LAS VELAS

PÉNDICES

Capítulo 5. APÉNDICES

APENDICE 1. Los rumbos según el viento real VR en diversos textos

Título: Nuevo curso de vela. TRIPULANTE
Autor: Alberto Enguix.

Comentario: En su diagrama de rumbos náuticos de página 84 muestra junto al vector representativo del VIENTO, el VR, un esquema de frente olas moviéndose en la misma dirección (lo que no siempre coincide), y la drástica diferenciación entre rumbos náuticos de ceñida y francos.

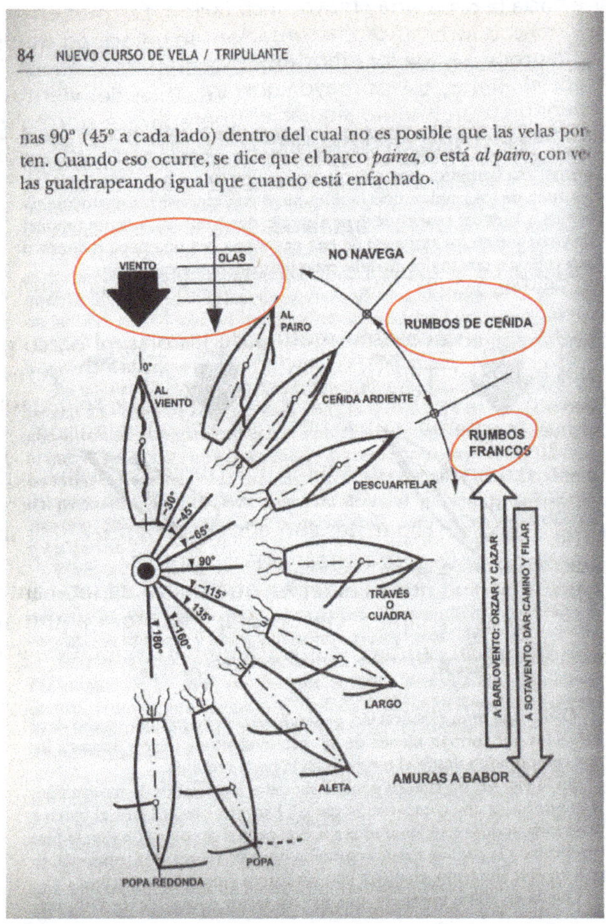

84 NUEVO CURSO DE VELA / TRIPULANTE

nas 90° (45° a cada lado) dentro del cual no es posible que las velas por- ten. Cuando eso ocurre, se dice que el barco *pairea*, o está *al pairo*, con ve- las gualdrapeando igual que cuando está enfachado.

Título: Metodología de enseñanza de la vela
Autor: Jordi Renom Pinsach

Comentario: Un excelente libro de enseñanza de vela en el que se insiste en las ventajas de la conservación del Viento Real para estar debidamente posicionado en el espacio en que se navega, para efectuar debidamente maniobras, aproximación a boyas, muelles o fondeos, y para evitar errores en el trimado de las velas.

Página 32

A menudo los navegantes inexpertos confunden la percepción de VA con VR y en consecuencia responden aplicando las técnicas y maniobras erróneamente, ya que este dato fundamental no se ajusta a la realidad. Esta distorsión se puede constatar simplemente con preguntar a un alumno sus impresiones a bordo del barco en cuatro rumbos tipo:

- Ceñida: aumentan el viento y la velocidad relativa de marcha. El viento gira hacia la proa y hay mayor inclinación. Las olas en sentido contrario y oblicuo intensifican la sensación de velocidad que junto con la escora producen mayor emoción.
- Través: crece el viento, VA es mayor que VR. Giro del viento hacia proa quedando en un ángulo similar al que aparece normalmente en un dibujo de un barco en ceñida (45º).

Página 33

- Largo: velocidad y suavidad, viento (VA) aparece más atravesado (90º).
- Popa: al avanzar en el mismo sentido de las olas, el barco parece que va más lento. La reducción, hasta casi anularse, de VA refuerza esta sensación. Es el rumbo aburrido y que «marea», sólo el temor a las reacciones inesperadas de la botavara activa la atención.

En todos estos rumbos, VR no cambia ni en dirección ni en intensidad pero sí su manifestación a través de VA. En ocasiones esta distorsión también se manifiesta en regatistas con poca experiencia. Al arribar en una baliza de barlovento y comenzar una empopada se les oye decir «está bajando», mientras que al orzar en otra baliza de sotavento para comenzar una ceñida exclaman «¡está subiendo!» o «¡aquí hay más viento!». Esta distorsión también aumenta en barcos rápidos, los cata-

Título: Manual de trimado de velas para navegantes de crucero
Autor: Rob Gibson

Comentario: Observar por ejemplo la dirección con que ingresa al barco el viento aparente VA cuando se navega a un largo (figura 12c): perpendicular al eje de crujía. Sin embargo, el rumbo náutico que define el tipo de trimado no es el través. Es a un largo.

Viento aparente / viento real

El tema de la dirección y la fuerza del viento se complica en cuanto el barco empieza a desplazarse. Los catavientos y veletas en el tope del palo solo indican el viento real cuando el barco está parado. En cuanto este empieza a avanzar, reaccionan ante la combinación del viento y del movimiento del barco: el viento aparente.

La *fig. 12a* muestra un dibujo de vectores en relación con un barco que navega de través. El lado largo del trapecio representa 10 nudos de viento real dibujados a escala, mientras que el lado corto del mismo indica la velocidad del barco, 6 nudos. La larga diagonal representa el viento aparente. Hay que resaltar que la longitud de la línea indica ahora 12 nudos de velocidad del viento y el ángulo del viento que cruza el barco ha disminuido hasta 60º. Con el fin de mantener el mismo ángulo de entrada respecto al viento, ha habido que trimar la mayor y el foque, es decir, cazarlos poco a poco mientras el barco aceleraba.

La *fig. 12b* muestra el viento aparente respecto a las mismas condiciones mientras el barco navega en ceñida, a 45º del viento real. Podemos ver cómo el viento aparente aumenta significativamente y el ángulo de entrada disminuye mientras el barco acelera hacia delante a una velocidad de 6 nudos.

En la *fig. 12c* vemos el mismo barco navegando a un largo a seis nudos con el mismo viento. Esta vez el viento aparente disminuye, pero el ángulo de entrada sigue siendo reducido.

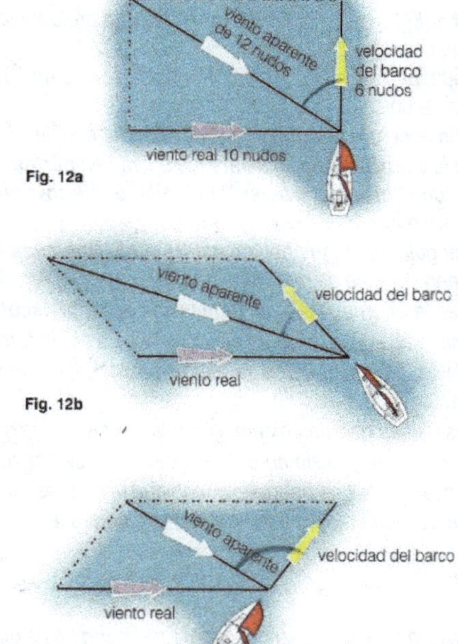

En los tres dibujos se han tenido que trimar considerablemente las velas varias veces, según iba adquiriendo velocidad el barco, y la velocidad de un barco está constantemente variando. La velocidad y dirección del viento raras veces son constantes, de modo que, para hacer que un barco se desplace eficazmente por el agua, hay que estar casi continuamente trimando las velas para afrontar las condiciones siempre cambiantes.

APENDICE 2.

En páginas siguientes

Guía rápida de trimado de las velas

- ***Identificar*** *la dirección del* ***viento real VR.***
- ***Identificar*** *en qué franja de velocidad se encuentra el VR: vientos medios: 7 a 16 Ns, flojos: menos de 7 Ns y fuertes más de 16 Ns*
- ***Reconocer*** *la franja de rumbos náuticos en la que se navegará:* ***ceñida, través y largos, vientos muy largos y de popa.***
- ***Aplicar*** *las consignas de navegación propias de cada franja de rumbos: la abertura y forma de las velas, el canal entre las velas, la torsión y la curvatura del palo.*

RUMBOS DE CEÑIDA. VIENTOS MEDIOS

Comienzan a partir de cada sector de 45° a ambos lados del eje del viento, El ***viento aparente VA*** *ingresa al barco unos 15° más a proa que el* ***viento real VR.*** *El sector sin propulsión se observa como un ángulo de unos 30° (no 45°) a cada lado del eje del viento.*

Vela de proa

- *Tensar el* ***backstay*** *aplanando las dos velas. La profundidad de bolsa debe ser de un 10%. Si lo permite el palo, el tope se curva hacia popa.*
- ***Driza*** *cazada, para que la posición de la bolsa sea de un 40%. Para ceñida ardiente,* ***driza*** *sólo algo tensada para atrasar la bolsa al 45 o 50%.*
- *Con el* ***patín*** *al centro cazar la* ***escota*** *hasta que el pujamen y la baluma tengan la misma curvatura.*
- *Buscar con la* ***escota*** *el ángulo de ataque óptimo en* ***partes bajas*** *de la vela hasta que la* ***lanita de sotavento de abajo*** *ondee horizontal a popa, y* ***la lanita de barlovento de abajo*** *ondee horizontal, o tienda a elevarse (en ceñida ardiente).*
- *Buscar el ángulo de ataque óptimo del VA en* ***partes altas*** *llevando el* ***patín*** *a popa hasta que las lanitas de arriba ondeen como la de abajo.*
- *Si las lanitas interiores se elevan demasiado cazar la* ***escota.***
- *Si las 2 lanitas altas interiores se elevan y la baja no, la torsión es excesiva:* ***patín*** *hacia proa.*
- *Si las 2 lanitas altas exteriores se elevan, dar torsión a la vela: llevar el* ***patín*** *hacia popa hasta que estén horizontales.*
- *Si todas las lanitas trabajan bien excepto la del medio, cazar el* ***backstay*** *para reducir el embolsamiento.*
- *Las lanitas de sotavento siempre deben desplegarse horizontales.*
- *En cuanto a las lanitas de barlovento, con pocas olas, escora media y vientos medios pueden inclinarse hacia arriba unos 30°. Con mayor escora y vientos fuertes la inclinación puede llegar a 70°.*

Vela mayor

- *Con la botavara al centro, cazar la* ***escota*** *y el* ***vang*** *hasta que el* ***batten superior*** *esté paralelo a la* ***botavara.***
- *Tensar el* ***pajarín*** *para aplanar la parte baja. Profundidad de bolsa: 10%.*
- ***Cazar*** *la* ***driza*** *y el* ***Cunningham.*** *Embolsamiento al 40%.*
- *Filar el* ***traveller*** *hasta que aparezca* ***la lanita de abajo*** *y vuele a sotavento. El* ***traveller*** *altera el ángulo de ataque del VA en toda la vela,* ***sin intervenir en la torsión.***
- *Filar la* ***escota*** *y el* ***vang*** *hasta que aparezcan las restantes lanitas y ondeen rectas excepto la de arriba, que debe salir y esconderse, indicando flujo parcialmente desprendido en las partes altas.*
- *Si la tendencia a orzar es mayor que 5° filar el* ***traveller****, o la escota si no lo hay.*
- ***Canal entre las velas:*** *bien estrecho.*

- ***Equilibrios:*** *pesos a barlovento, en las partes altas.*

<u>Cómo navegar en ceñida en marejadas con vientos medios</u>

- *Seguir una derrota a unos 50º de la dirección del frente olas.*
- ***Derivar** cuando aumenta la **velocidad de marcha VM,** al descender el barco por la ola, para adaptar el ángulo de ataque al **VA** más aproado. **Orzar** al trepar la ola.*

- ***Vela de proa:** Filar el **backstay** para embolsar algo las velas y apuntar a que sean más potentes. Tensar la **driza** para adelantar la bolsa. Atrasar el **patín** para que escape el exceso de viento. Filar algo la **escota** para aumentar la bolsa en la parte baja.*

- ***Vela mayor:** Filar algo el **pajarín.** Tensar más la **driza.** Filar la **escota** para que la vela torsione. Largar el **traveller** a sotavento si es mucha la tendencia a orzar, o subirlo a barlovento si el barco va muy plano.*

<u>Cómo enfrentar las rachas en ceñida con vientos medios</u>

- ***En ceñida ardiente, ganando barlovento:** El aumento repentino del **viento real VR** no se traduce en mayor **velocidad de marcha VM** sino mayor intensidad y apopamiento del **VA**, que ingresará más prestado. Habrá más escora y tendencia a orzar debido al aumento de la presión del viento en la **zona de battens** de la mayor.*
  ***Acompañar la orzada** con el timón con lo que se restablece el ángulo de ataque inicial del **VA** y se reduce la presión en la zona de **battens**. El barco adriza y gana barlovento. **Derivar** cuando la racha pasa, retomándose el rumbo sin haber alterado el trimado.*

- ***En ceñida, sin ganar barlovento:** Filar el **traveller** para reducir el ángulo de ataque del **VA**. El viento pasa y se reduce la presión en zona de **battens**, con baluma tensa y escora bastante constante.*
  *Con rachas muy fuertes se larga también la **escota** de mayor. La orzada podría hacer que el barco cruce el eje del viento con vela de proa acuartelada y gran escora. Pesos a barlovento.*
  *En última instancia: "**pinchar**" el barco orzando hasta que las velas no porten. El barco adrizará pero perderá rumbo y velocidad.*

RUMBOS DE TRAVES Y LARGOS. VIENTOS MEDIOS

*Abarcan desde el descuartelar hasta donde comienzan los rumbos de vientos muy largos, en los cuales ya no hay sustentación aerodinámica. La propulsión se obtiene en parte por **sustentación aerodinámica** y en parte por **resistencia al viento**.*

Vela de proa

- *Filar el **backstay** hasta que el palo adrize, o incluso que **el tope de palo se curve hacia proa.** Profundidad de bolsa: 15%.*
- *Cazar bien la **driza** para llevar la bolsa adelante al 35 o40%.*
- *Con el **patín** al centro, cazar la **escota** hasta que el pujamen y la baluma tengan la misma curvatura.*
- *Filar la **escota** hasta que las lanitas exteriores ondeen hacia popa, y las interiores hagan lo mismo o tiendan a elevarse.*
- *Desplazar el **patín** a popa dando torsión a la vela hasta que las lanitas de arriba ondeen como las de abajo.*
- *Observar las lanitas y, según cómo se orienten, realizar correcciones según lo explicado para rumbos de ceñida.*
- *Si la vela sobrepasa el palo, con las **escotas** por fuera de los obenques, se puede controlar la torsión con un **Barber Hauler.***
- *Verificar la torsión según el concepto de **baluma justo cerrada,** evitando escape de viento sin producir propulsión.*

Vela mayor

- *Filar el **pajarín** hasta que la profundidad de la bolsa sea 15%.*

- *Cazar la* ***driza*** *y el* ***cunningham*** *para llevar la bolsa al 35 o 40%.*
- *Con el* ***vang*** *y la* ***escota*** *cazados, y la botavara al centro, buscar el ángulo de ataque óptimo en* ***partes bajas*** *filando el* ***traveller*** *hasta que ondeen hacia popa* ***las lanitas de abajo.***
- *Filar la* ***escota*** *y después el* ***vang*** *para permitir torsión en las* ***partes altas*** *hasta que las lanitas de arriba también ondeen rectas a popa. Aplicar el concepto de* ***baluma justo cerrada****.*
- *Filar el* ***traveller*** *para limitar la tendencia a orzar.*
- *Si no hay* ***traveller****, o la botavara no está sobre él, buscar el ángulo de ataque en las partes bajas con la* ***escota****, y en partes altas con el* ***vang****. Limitar la tendencia a orzar con la* ***escota****.*
- ***Canal entre velas:*** *abierto y de sección constante.*

- ***Equilibrios:*** *pesos a barlovento.*

<u>Cómo enfrentar rachas en través y largos con vientos medios</u>

- *Con el repentino incremento del* ***viento real VR*** *el barco arremete y aumenta su* ***velocidad VM****.*
- *El* ***viento aparente VA*** *aumenta e ingresa más a proa, con lo que el ángulo de ataque se hace demasiado pequeño.*
- *Para aprovechar esa propulsión mantener la* ***escota*** *cazada y* ***derivar*** *hasta recuperar el ángulo de ataque inicial del VA, sin alterar el trimado.*
- *Al pasar la racha,* ***orzar*** *para volver al rumbo. Con rachas muy fuertes filar* ***escotas y*** *largar el* ***vang.*** *También el* ***traveller****, pero en rumbos muy abiertos no tiene efectos.*

RUMBOS DE VIENTOS MUY LARGOS. VIENTOS MEDIOS

Es una franja entre el fin de los rumbos de través y largos y el rumbo de aleta, cuando acaba el efecto de la sustentación aerodinámica y ***la propulsión es sólo por resistencia al viento,*** *con ambas velas establecidas a sotavento.*

- *Tensar el* ***backstay*** *para enderezar el palo y estirar las velas.*
- *Cazar bien el* ***Vang*** *para evitar que la botavara se levante y se reduzca la superficie expuesta al viento.*
- *Profundidad de la bolsa: poca.*
- ***Canal entre las velas:*** *bien abierto.*

- ***Equilibrios:*** *pesos a popa.*

RUMBOS DE POPA. VIENTOS MEDIOS

Abarcan desde la aleta hasta la popa redonda. La aleta la vela de proa deja de portar establecida a sotavento, y debe establecerse a orejas de burro. ***Propulsión: resistencia al viento.***

- *Tensar el* ***backstay*** *para enderezar el palo y estirar las velas.*
- *En la vela de proa, llevar adelante el* ***patín*** *para tensar la baluma, disminuir la torsión y contrarrestar el* ***rolido.*** *<u>El rolido es el vaivén transversal hacia uno y otro lado del eje de crujía.</u>*
- *En la mayor cazar el* ***vang*** *hasta que la botavara esté a 90º del palo. La baluma tensa evita que parte del viento escape sin agregar propulsión, o que el exceso de torsión produzca* ***rolido****.*
- *Filar el* ***vang*** *antes de trasluchar para abrir la baluma dejando que escape el viento al pasar la vela a la otra banda.*
- *No conviene disminuir la velocidad del barco cuando se va trasluchar ya que eso produciría un aumento del* ***viento aparente VA*** *y de la presión que éste ejerce sobre la vela en la virada.*

- ***Equilibrios:*** *pesos a popa.*

RUMBOS DE CEÑIDA. VIENTOS FLOJOS

Vela de proa

- ***Backstay*** *bastante flojo para que las velas estén más llenas.*
- ***Driza*** *algo filada. El ángulo de ataque del VA no debe aumentar mucho. Se desprendería el flujo antes de la baluma.*
- *Con el* ***patín*** *al centro cazar bien la* ***escota*** *hasta que las curvas del pujamen y la baluma tengan la misma curvatura.*
- *Filar la* ***escota*** *hasta que las lanitas de abajo ondeen rectas.*
- *Largar el* ***patín*** *a popa hasta dar a la vela toda la torsión que permitan las lanitas de arriba.*
- *Para ganar propulsión desplazar un poco el* ***patín*** *hacia proa pero se cerrará la baluma, por lo cual habrá que filar la* ***escota****.*

Vela mayor

- *Llevar la mayor al centro con la* ***escota*** *y el* ***traveller****.*
- *Filar algo el* ***pajarín*** *para dar un poco de bolsa a la parte baja de la vela, pero no demasiado para evitar flujo desprendido.*
- *Con la mayor al centro cazar el* ***traveller*** *a barlovento y filar la* ***escota*** *para dar la torsión que permitan las lanitas de arriba.*

- ***Equilibrios:*** *tripulación a sotavento, a proa y abajo, para escorar el barco y reducir la parte mojada de la carena.*

RUMBOS DE TRAVES Y LARGOS. VIENTOS FLOJOS

El perfil de las velas no difiere mucho de la ceñida con vientos flojos. Sólo deben estar algo más embolsadas. Pero menos embolsadas que con vientos medios.

RUMBOS MUY LARGOS Y DE POPA. VIENTOS FLOJOS

Vela de proa

- *La baluma y el pujamen deben tener la misma tensión.*
- *Aflojar el* ***backstay*** *para adrizar el palo.*
- *Filar la* ***driza*** *para embolsar la vela.*

Vela mayor

- *Solamente con* ***vientos flojos de POPA*** *filar algo el* ***vang*** *y cazar el* ***balumero.*** *La baluma se cierra y la vela toma un embolsamiento especial muy favorable para navegar en popa.*

- ***Equilibrios:*** *pesos a proa para escorar un poco el barco y reducir la parte mojada de la carena.*

RUMBOS DE CEÑIDA. VIENTOS FUERTES

Vela de proa

- *Cazar el* ***backstay,*** *tensar fuerte la* ***driza*** *(bolsa al 35%) y cazar la* ***escota.***
- *Llevar el* ***patín*** *al centro para dar forma a la vela, o algo a popa si se hace necesario abrir la baluma.*

Vela mayor

- *En principio, aplanar la vela mayor para quitarle potencia. Todos los* ***battens*** *deben quedar paralelos al eje de crujía.*

- *El viento fuerte atrasa mucho la bolsa. Para contrarrestar, tensar bien la* ***driza*** *y el* ***Cunningham*** *(bolsa al 35%).*
- *Cazar el* ***pajarín*** *y el* ***rizo de aplanar*** *para aplanar la parte baja.*
- *Cazar el* ***backstay*** *para reducir la propulsión, abriendo la baluma y aligerando el timón.* ***"Viento fuerte - barco plano"*** *significa timón liviano que no pida apartarse más de 5º.*
- ***Vang*** *cazado. Con el* ***traveller*** *al centro, cazar bien la* ***escota*** *para cerrar la baluma y disminuir torsión.*
- *Si el viento aumenta largar el* ***traveller*** *para reducir la tendencia a orzar y la escota para dar torsión y dejar escapar el exceso de viento.*

RUMBOS DE TRAVES Y LARGOS. VIENTOS FUERTES

Las velas pueden seguir tal como con vientos medios mientras la situación esté controlada. Cuando haya que optar por gobierno seguro aplanar las velas y enfrentar las ***guiñadas,*** *que son el balanceo a sota y a barlo alrededor de un eje vertical. Se contrarrestan tal como se explica en rumbos de popa.*

Vela de proa

- *Con situación controlada, filar el* ***backstay*** *para adrizar el palo.*
- *Tensar la* ***driza*** *para desplazar la bolsa hacia adelante.*
- *Con la* ***escota*** *cazada y* ***patín*** *al centro, filar la* ***escota*** *y después desplazar hacia atrás el* ***patín*** *para dar torsión.*
- *Cuando haya que aplanar, cazar fuerte el* ***backstay*** *y la* ***driza,*** *y largar el* ***patín*** *a popa.*

Vela mayor

Se trata de un trimado para que la vela pierda energía.

- ***Vang, escota*** *y* ***pajarín*** *cazados para reducir la torsión.*
- ***Driza*** *y* ***Cunningham*** *a medio tensar.*
- ***Traveller:*** *filarlo para reducir la escora y la tendencia a orzar.*
- *En caso de emergencia largar el* ***vang*** *y filar la* ***escota*** *para que escape el exceso de viento.*

RUMBOS MUY LARGOS Y DE POPA. VIENTOS FUERTES

Con vientos fuertes y aguas agitadas se producen ***guiñadas.*** *Para contrarrestarlas,* ***pesos a popa****, y además:*

- *Si el barco escora a sotavento,* ***derivar****: caña a barlovento.*

- *Si el barco escora a barlovento,* ***orzar****: caña a sotavento. Recordar que sotavento es la banda donde está la mayor.*

Vela de proa: *si instala tangón, llevarlo a barlovento para aplanarla.*

Vela mayor: *cazar al máximo el* ***vang*** *para cerrar la baluma y reducir la torsión. En caso de emergencia, largarlo.*

www.ingramcontent.com/pod-product-compliance
Lightning Source LLC
LaVergne TN
LVHW052010160826
845678LV00005B/1702

* 9 7 8 6 3 1 0 0 2 0 1 9 8 *